이야기와 뉘앙스로 배우는
관용어의 세계

이야기와 뉘앙스로 배우는
관용어의 세계

고이즈미 마키오 지음 | 곽범신 옮김

로그인

| 일러두기 |

• 그리스어, 라틴어, 아랍어, 프랑스어, 독일어, 이탈리아어, 고대 영어, 중세 영어 등
  현대 영어 이외의 언어는 이탤릭체로 표기했습니다.

• 외국어 발음은 한국어 어문규범의 외래어표기법에 따르되,
  실제와 최대한 가깝게 표현하고자 노력했습니다.

• 본문의 (p.12)나 (p.34) 등은 해당 영어 표현이 상세히 설명된 페이지를 가리킵니다.

영어 표현에 숨어 있는
매력적인 세계

집 거실에서 아내, 아들과 함께 CNN 영어 뉴스를 보고 있을 때였습니다. 미국 대통령 선거 마지막 주말, 재선이 목표였던 대통령이 일곱개 주 여덟 곳에서 연설을 강행했다는 내용이 보도됐어요. 그는 피로가 극에 달했을 겁니다. 이동 중 제트기 안에서 잠깐 눈 붙일 때 말고는 거의 잠도 자지 못했겠죠. 그럼에도 전혀 지치거나 나른한 기색 없이 자신만만한 표정으로 침착하게 연설을 시작했습니다.

그런데 연설을 듣던 아들이 "앗, 방금 '나는 말이다'라고 했어"라고 하더군요. 프리터(아르바이트나 비정규직으로 일하면서 자유롭게 생활하는 이-옮긴이)였던 아들은 8개월에 걸친 세계 여행을 마친 후 갓 귀국한 참이었습니다. 영어 실력은 그저 그랬지만 듣기 능력은 제법이었죠.

저는 이 뜬금없는 해석에 놀라면서도 "대단한걸!" 하고 칭찬했습니다. 그런데 대통령이 한 말이 왜 '나는 말이다'라고 들렸던 걸까요?

사실 그 부분은 I'm a little bit hoarse였습니다. hoarse란 '목소리가

쉬었다'라는 의미의 형용사로, 발음이 동물 '말'을 뜻하는 horse와 완전히 똑같습니다. 또한 a little bit(아주 살짝)의 bit를 잘 알아듣기 힘들었던 아들의 귀에는 "I'm a little … horse(나는 작은 말입니다)"라고 들렸던 거죠.

hoarse는 얼핏 간단한 표현 같지만 모든 영어 학습자가 알 법한 단어는 아닙니다. 상급자나 아는 단어라고 생각해도 될 법하죠.

'목소리가 쉬었다'는 의미로 사용하는 훨씬 쉬운 관용구가 있습니다. 바로 I have a frog in my throat(내 목구멍에 개구리가 있다)라는 구어적 표현인데요. 이건 바로 이해하기도 쉽고, 한번 외우면 결코 잊어버릴 일도 없을 겁니다. 저 역시 이 표현을 처음 알았을 때에는 놀라움을 넘어서 감동마저 느꼈습니다.

영어에는 이처럼 격식 있는 딱딱한 표현과 그에 상응하는 유연하고 격식 없는 구어적 표현이 있습니다.

또 한 가지 예를 들어볼까요. 많은 사람 앞에서 발표를 하거나, 노래를 부르거나, 연기를 선보일 때에는 무척 긴장되기 마련입니다. 그럴 때, 영어로는 get stage fright를 사용해(get 대신에 have를 쓰기도 합니다), I get stage fright whenever I sing in front of a lot of people(많은 사람 앞에서 노래할 때면 나는 항상 긴장이 된다)이라는 식으로 말합니다.

이것만으로도 충분히 흥미로운데 같은 의미를 I have butterflies in my stomach(내 위장 안에 나비들이 있다)이라고 표현할 수도 있습니다. 긴장했을 때 흔히들 '가슴이 두근거린다'라고 말하곤 하죠. '두근두근' 을 미국인이나 영국인은 위장 안에 사는 나비들의 날갯짓으로 표현한 셈입니다.

영어를 사내 공용어로 삼는 기업이 늘어나고 있고 외국인 채용 역시 크게 늘어났습니다. 진정한 의미에서의 국제화가 일어나고 있지요.

하지만 외국인으로서 영어를 마스터하기란 여간 어려운 일이 아닙니다. 단어나 숙어, 문법을 익히는 건 기본이고, 회화 능력이나 듣기 능력을 연마하려면 장기간에 걸친 실전 훈련도 필요합니다. 그래서 대부분 '영어=고통'이라 여기는 것 아닐까요.

외국인과 영어로 의사소통하는 즐거움을 알기 전까지는 오랫동안 고통을 감내해야 합니다. 일본에서는 영어가 유창하면 동경의 대상이 되기도 합니다. 특히 유학이나 해외 거주 경험도 없이 꾸준한 공부만으로 영어를 터득한 사람은 존경의 대상이라 해도 과언이 아닙니다. 영어 능력이 온갖 고난을 극복했다는 하나의 훈장처럼 받아들여지기 때문일 테죠.

저는 지금까지 영어와 관련된 잡지나 서적 편집에 종사해왔습니다.

영어를 일상적으로 접하며 배울 수 있었다는 점에서 보자면 남다른 혜택을 받았다고 할 수 있지만, 그럼에도 매일매일 영어와 악전고투를 벌이곤 했어요.

그런 가운데 앞서 소개한 것 같은 재미있는 영어 표현은 위안이 되어주고 영어 공부를 계속할 동기를 부여해주었습니다. 영어 안에 무척이나 매력적인 세계가 펼쳐져 있었어요. 영어 표현 하나를 외울 때마다 지식뿐만 아니라 감성의 영역이 확장되는 느낌을 받았습니다. 그리고 이러한 경험이 축적되면서 제 인생관 역시 생동감 있고 유연하게 변해갔습니다.

이 책에서는 제 심금을 울린 재미있는 영어 표현을 '인생·업무·재치 가득한 표현·무서운 표현·동물·인체·식물·색깔·인명·지명·숫자'의 장으로 나누어 다루었습니다. 각 표현의 어원이나 성립 과정부터 사용법까지 되도록 자세히 해설했습니다. 이를 통해 영어 원어민의 평소 생활상부터 인생관, 감성 및 지혜, 역사까지 엿볼 수 있을 거예요. 그리고 덤으로 영어 표현에 얽힌 저 자신의 생생한 기억까지 담았습니다.

이 책은 일본에서 '정말로 재미있는 영어'라는 제목으로 출간되었습니다. '재미있다'는 말은 다양한 의미를 포함하고 있죠. 유쾌한, 우스꽝스러운, 짓궂은, 흥미로운, 절묘한, 재치 있는, 즐거운, 감동적인, 정취가 있는 등등. 어쩌면 시시껄렁한 혹은 무서운 역시 또 다른 의미의 재미일 겁니다.

이 책은 영어 표현이 지닌 다채로운 재미로 가득합니다. 영어 공부에 지쳤을 때, '실력도 전혀 안 느는데 영어 따윈 그냥 때려치울까?' 하고 자포자기하고 싶을 때, 꼭 이 책을 읽어보세요. 영어라는 사막에서 발견한 오아시스처럼 여러분의 메마른 마음에 촉촉한 물기를 선사할지도 모릅니다.

자, 의욕의 스위치를 켜서 영어 여행을 계속해볼까요?

Have fun!

식물 표현
Floral Expressions

●

색깔 표현
Colorful Phrases

●

인명 표현
Famous Names

●

지명 표현
Famous Places

●

숫자 표현
Number Phrases

●

인생 표현

From Cradle to Grave

황새가 아이를 나르다

bearing a baby

I was born in Japan(나는 일본에서 태어났다). 중학생 시절, 영어 수업에서 수동태를 배울 때 교과서에 실려 있던 표현입니다. 선생님은 "이건 수동형으로, be동사＋과거분사로 표현해"라고 말한 후, "영어에서는 너희들을 '태어난' 게 아니라 '낳아진' 존재라고 보는 거야"라고 설명했습니다. 한창 사춘기였던 저는 그 말을 듣고 영어 공부보다 엉뚱한 망상에 빠지고 말았는데, 수업이 끝나고 반 친구한테 물어보니 다들 똑같은 생각을 했다고 하더군요.

bear는 보통 bear-bore-borne으로 변형되니 과거분사는 borne입니다. 따라서 '그녀는 세 아이를 낳았다'는 영어로 She has borne three children입니다. 다만 be born의 경우는 예외적으로 마지막의 e가 사라집니다. 그러나 여기에도 또 예외가 있어요. by를 사용해서 낳은 사람이 특정되면 Three children were borne by her(세 아이가 그녀에게서 태어났다)처럼 be borne이 됩니다. 대체 누가 이런 번거로운 문법을 정한 걸까요?

bear에는 다양한 의미가 있지만('곰'을 의미하는 bear에 대해서는 잠시 잊어주기 바랍니다) 간단하게 세 가지로 나뉩니다. '낳다'와 '나르다' 그리고 '견디다'입니다. 여러 어원사전을 살펴보니 5세기 중엽부터 11세기 말까지 사용된 고대 영어에서 bear에는 '낳다'와 '나르다'의 두 가지 의미가 있었다고 해요. 아이를 임신하면 여성이 배 속의 태아를 나르게 되므로 bear에 '낳다'와 '나르다'라는 두 가지 의미가 생겼다고 하는 설도 있는데 신빙성은 낮습니다.

'낳다'와 '나르다'의 연관성에 대한 훨씬 낭만적인 설도 있답니다. 유럽에는 '황새가 아기를 물어다준다'라는 속설이 있어요. 여기서 '나르다'와 '낳다'라는 의미가 결부되었다는 설인데요. 황새에는 Ciconia boyciana라는 멋진 학명이 있지만 보통은 White stork이라고 부르죠. '황새가 아기를 물어왔다'를 영어로 바꾸면 White stork came bearing a baby인데, 여기에서도 bear가 '낳다'의 뉘앙스를 품은 '나르다'라는 의미입니다.

그렇다면 bear에 '견디다'라는 뜻은 어떻게 생겼을까요? 낳는 것도 나르는 것도 모두 상당한 고통을 견뎌내야 하기 때문이란 걸 쉽게 떠올릴 수 있을 겁니다. 예전에는 지금처럼 트럭도 철도도 비행기도 없었지요. 무거운 짐을 짊어지고 장거리를 걷기란 무척이나 고된 일이었고, 수레에 짐을 실어서 옮긴다고 해도 가파른 비탈을 오를 땐 힘이 들었습니다. 바퀴가 진창길에 빠지기라도 했다간 빠져나오기가 보통 어려운 일이 아니었고요. 필시 '운반＝고통＝인내'로 생각했음이 분명합니다.

이와 관련해 골절, 고통, 진통(산통)이라는 뜻의 travail이라는 단어가 있습니다. 어원이 travel(여행)과 같습니다. 대부분 직접 걸어야 했던 과거의 여행길은 무척이나 험난했겠지요. 수많은 위험이 도사리고 있었을 겁니다. 이동 수단이라고 해봐야 마차나 배가 고작이었고, 배를 탔다 해도 풍랑을 만나 조난하는 경우도 많았죠. 그야말로 목숨을 건 여행이었던 셈입니다. 여행, 운반, 출산 모두 고난과 고통을 인내해야 하는 일이었음을 상상할 수 있습니다.

은수저를 물고 태어나다   be born with a silver spoon

　미국인 친구가 아이를 낳아서 은수저를 선물한 적이 있습니다. 영어로 '유복한 집에서 태어나다'를 be born with a silver spoon in his/her mouth(입에 은수저를 물고 태어나다)라고 말하기도 하는데요. 그래서인지 서양에서는 예부터 태어난 아이가 평생 배를 곯지 않기를 바라는 마음에 출산 기념으로 은수저를 선물하는 관습이 있습니다. 이 표현은 과거 영국에서 세례를 받을 때 godfather(대부)가 수저를 선물하는 풍습이 있었는데, 신분이나 빈부의 격차에 따라 수저의 재질이 달랐다는 사실에서 유래합니다.

　미국인 친구는 감사의 말과 함께 "My son was born with a wooden spoon in his mouth, because I am not so rich(나는 부자가 아니라서 우리 아들은 나무 숟가락을 물고 태어났어)"라는 위트가 가득 담긴 thank-you note(감사장)를 보내왔습니다. 일본에서도 이 풍습을 모방해 출생 기념으로 은수저를 선물하는 사람이 많아졌는데요. 순은 숟가락에 아기의 이름, 생년월일시, 몸무게나 키를 각인해서 보내기도 합니다.

　그런데 최근에 유복한 사람에게 은수저를 보내면 실례라는 말을 들었어요. 아마 이미 은수저를 물고 태어났기 때문에 필요하지 않다는 뜻이 아닐까 싶어요. 일본에도 '빗이나 거울은 선물하면 안 된다'거나 '병문안에 국화를 가져가서는 안 된다'라는 말이 있듯이 서양 풍습에도 다양한 금기가 있겠지요.*

* 빗은 고통스러운 죽음을 뜻하며 거울은 깨지는 물건이므로 재수가 없다고 여겨져서 선물하지 않는다고 해요. 다른 설로 '당신은 재주가 없으니 빗이나 거울로 몸단장이나마 제대로 해라'라는 말처럼 들려서 실례라고 들었습니다. 그리고 국화는 장례식에서 고인에게 바치는 꽃이므로 병문안에 결코 가져가서는 안 된다고 합니다.

나는 어제 태어나지 않았다

be not born yesterday

born을 사용한 또 다른 표현으로 I wasn't born yesterday가 있습니다. 직역하면 '나는 어제 태어나지 않았다'인데, '그리 쉽게 속을 줄 아느냐', '그런 것도 모를 것 같으냐', '그렇게 어리숙하지 않다'라는 의미입니다.

예를 들어 친구와 함께 허풍쟁이로 유명한 사람한테 믿기 힘든 이야기를 들었다고 해봅시다. 친구가 "Did you believe his story?(저 사람 얘기를 믿어?)"라고 물었을 때, "Oh, come on. I wasn't born yesterday(이러지 마. 내가 어제 태어난 줄 알아?)"라고 대답할 수 있습니다. 그런 말에는 안 속는다는 뜻이죠.

또 이런 상황에서도 활용할 수 있어요. 만약 직장 동료에게서 "You should be polite when speaking to the boss's wife(사장 사모님과 대화를 나눌 때는 말을 정중하게 해야 해)"라는 말을 들었다면 "Hey, I know it. I wasn't born yesterday(이봐, 그건 나도 알아. 내가 그렇게 세상물정 모르는 줄 알아?)"라고 대답할 수 있겠죠.

상사에서 근무하는 일본인 지인으로부터 전에 I wasn't born yesterday를 썼다가 곤욕을 치른 적이 있다는 이야기를 들은 적이 있어요. 지인은 미국 샌프란시스코의 어느 코인 주차장에 차를 세웠습니다. 미국은 도로가 넓어서 도심의 도로 양끝 차선을 주차공간으로 사용하기도 하는데, 그곳에는 주차 미터기가 있습니다.

그가 볼일을 마치고 차로 돌아왔을 때는 미리 계산을 마친 주차 시간이 지나서 미터기에 빨간 불이 깜빡이고 있었어요. 주머니를 뒤적였지만 때마침 가진 동전이 없었기에 나머지는 다음에 와서 내면 되겠지 싶어서 차에 올라타 시동을 걸었죠. 출발하려는데, 한 남자가 다가와서 창문을 콩콩 두드렸습니다. 지인이 창문을 내리자 그 남자가 "주차 시간이 지났는데 왜 요금을 지불하지 않느냐"고 말했습니다. "가진 동전이 없으니 나중에 내겠다"고 대답하자 그 남자는 "나는 미터기 관리인인데, 이건 명백히 주차위반이다. 벌금으로 60달러를 내라"라고 했습니다. 차림새로 보아 아무래도 노숙자인 듯했죠. 우연히 그 자리를 지나치다 옳다구나 싶어서 트집을 잡으러 온 게 분명했습니다.

"신분증을 보여달라", "사무실에 두고 와서 지금은 없다"라고 처음에는 서로 조곤조곤 대화를 주고받았지만 점차 언성이 높아지기 시작했습니다. 그때, 이 표현이 지인의 뇌리를 스쳤던 거죠. 열심히 외웠지만 지금까지 한 번도 사용할 일이 없었던 그 표현. 이 기회를 놓치면 평생 쓸 일이 없을 것 같은 마음에 지인이 "I wasn't born yesterday!"라고 외치자 남자의 표정이 돌변했습니다. 그러고는 "Hey you!"라고 소리치며 차창으로 손을 뻗어 지인의 넥타이를 움켜쥐었어요. 지인은 그 손을 뿌리치고 급히 차를 몰아 도망쳤습니다.

지인은 I wasn't born yesterday가 그렇게나 심한 표현인 줄 몰랐다고 해요. 말은 상황에 따라 기세가 달라지죠. 마음을 터놓고 지내는 친구나 가족에게 가볍게 내뱉는 정도라면 괜찮지만, 별로 친하지 않은 사람에게는 I wasn't born yesterday를 사용하지 않는 편이 좋습니다.

결혼이라는 매듭

tie the knot

'결혼하다'는 marry지만 tie the knot도 자주 사용됩니다. knot은 '매듭', '매듭을 묶다'라는 뜻입니다. '결혼結婚'에 쓰인 글자 결結도 '맺다, 묶다'라는 뜻이지요. tie the knot은 과거 결혼식에서 신랑 신부가 서로의 팔이나 옷소매에 결합의 상징으로 리본을 묶은 데서 유래합니다.

한편 knot(노트)는 배나 바람의 속도를 나타내는 단위로도 쓰입니다. 같은 간격으로 매듭을 묶은 긴 밧줄을 말아서 배에 실은 뒤에 이 밧줄을 바다에 풀면서 항해하면, 일정한 시간 동안 풀린 매듭의 개수를 통해 속도를 측정할 수 있었어요. 이것이 바로 '매듭=노트'라는 단위의 유래예요. 참고로 1노트는 한 시간에 약 1.85킬로미터를 전진하는 속도로, 20노트는 약 시속 37킬로미터입니다.

결혼과 관련해 always the bridesmaid, never the bride(항상 신부의 들러리만 설 뿐 실제로 신부가 되지는 못한다)라는 표현도 있습니다. '희망이 이루어질 것 같으면서도 번번이 이루어지지 않는다' 혹은 '언제나 2등으로, 결코 1등은 되지 못한다'라는 뜻입니다. 출세할 수 있을 것 같았지만 항상 막판에 어그러져서 경쟁자에게 선두를 빼앗기거나, 상을 받을 수 있을 줄 알았는데 매번 다른 사람이 상을 가져가는 경우에 쓰는 표현입니다.

입덧은 아침의 병

have morning sickness

'임신한'은 영어로 pregnant인데, 그 외에도 여러 표현이 있습니다. She is going to be a mother(그녀는 어머니가 된다), 혹은 살짝 짓궂게 She's big with child라고 할 수도 있습니다. '그녀는 아이를 뱄기 때문에 (배가) 크다'라는 뜻이죠.

그 외에 널리 알려진 표현으로 expecting이 있지요. She is expecting 뒤에 a baby가 이어지는데, 이 부분은 자주 생략됩니다. '아기가 태어날 때가 기대된다', '즐겁게 기대하고 있다'는 뜻이에요. 전철을 타면 노약자석에 우선적으로 앉아야 할 승객의 예시로 "elderly people, handicapped persons, expecting mothers(노인, 장애인, 임산부)"라는 영어 안내가 나오죠. 영어에는 이처럼 완곡한 표현이 많습니다.

그렇다면 입덧은 뭐라고 할까요? 바로 morning sickness(아침의 병)입니다. 아침은 공복이라 구역질이 평소보다 많이 나기 때문이라죠. 하지만 '입덧으로 고생하는 사람들을 위한 사이트-초보 임산부 클럽'이라는 일본의 웹사이트에서 임산부를 대상으로 언제 입덧이 가장 심한지 묻는 설문조사를 실시해보니, '18시부터 24시'라는 응답이 압도적으로 많았다고 해요. 그렇다면 evening sickness(밤의 병)이라고 부르는 편이 낫지 않을까요.

결혼식에 총을 들고

shotgun marriage

임신이라 하니 shotgun marriage라는 표현도 생각나네요. shotgun wedding이라고도 하는데요. 굳이 해석하자면 '속도위반 결혼'이라 할 수 있는데, 그 유래는 우리의 상상과 좀 다릅니다. 저는 처음에 '정자가 산탄총 탄환처럼 난자로 날아가는 바람에 뜻하지 않게 임신하고 말았다' 혹은 '사귄 지 얼마 안 돼서 바로 아기가 생긴 사실을 알고 급히 결혼하다'라는 뜻이 아닐까 추측했거든요. 그런데 조사해보니 참으로 미국스러운 표현이더군요.

딸의 임신 소식을 알게 된 아버지가 상대방 남자에게 산탄총을 들이대고 교회로 끌고 가서 다짜고짜 결혼하라고 압박하거나 혹은 결혼식에 총을 들고 가서 신랑이 도망치지 못하게끔 위협한 데서 유래했다고 합니다.

왜 그렇게까지 신랑이 도망치지 못하게 했을까요? 영화 〈졸업The Graduate〉(1988년)을 떠올리면 이해하기 쉽습니다. 결혼식장에서도 얼마든지 결혼이 어그러질 수 있다는 걸 실감 나게 보여주니까요. 이 영화에는 배우 더스틴 호프먼Dustin Hoffman이 연기한 주인공이 교회로 난입해 신부를 빼앗아 달아나는 유명한 장면이 있죠. 그런데 그게 얼마나 아슬아슬한 타이밍이었는지를 이해한 사람이 과연 몇이나 될까요. 교회에서 신 앞에서 결혼을 맹세했다면 이는 곧 신과 계약을 맺은 셈이기에 더는 무를 수 없습니다. 그러니 도망친다면 단상에 선 신부님 앞에서 신에게 맹세하기 전이어야겠죠. 맹세한 후에는 이미 결혼이 성립된 것이니까요.

행복에 잔뜩 들떠서   head over heels

'사랑하다'는 다들 아시다시피 love, '사랑에 빠지다'는 fall in love
입니다. '(남녀가) 사귀다'는 go with 혹은 go out with 혹은 see라고 합
니다. 보통 going with, seeing처럼 진행형으로 많이 표현하는데 '만남
을 이어가다'라는 뜻입니다. 예를 들어 Yoko is going with John(요코는
존과 사귀고 있다)이라거나, Who is she seeing now?(그녀는 지금 누구와
사귀는 중이야?)라는 식으로 활용할 수 있습니다.

어찌나 사랑에 푹 빠졌는지 행복해서 잔뜩 들뜬 상태를 나타내는
재미있는 표현이 있습니다. fall head over heels in love with her(그녀
는 사랑에 빠져서 머리가 뒤꿈치 위로 떨어진다)인데요. 공중제비를 도는 모
습을 나타낸 heels over head가 언제부터인가 head over heels로 역전
된 표현입니다. 마음뿐만 아니라 몸까지 뜻대로 가누지 못하게 된 상
황을 잘 나타냅니다.

미국 팝 그룹인 카펜터스Carpenters의 히트곡 중에 〈Top of the
World〉라는 노래가 있습니다. 제목을 직역하면 '세상의 꼭대기'인데,
'잔뜩 들떠서', '성공해서'라는 의미도 있어요. "Your love's put me at
the top of the world"라는 가사를 직역하면 '당신의 사랑이 나를 세상
꼭대기에 올려놓았다'입니다. 당신과 사랑에 빠져서 최고로 기분이 좋
다는 뜻으로, 멋진 연인이 생겨서 하늘을 날 것처럼 기쁜 여성의 마음
을 노래하고 있습니다.

cloud-cuckoo land(구름 속 뻐꾸기의 나라)라는 표현도 있어요. 이는
고대 그리스 시대의 희극작가인 아리스토파네스Aristophanes가 기원전

5세기에 쓴 〈새〉라는 희극에 등장하는 공중의 이상향을 가리킵니다. 지상에서의 생활이 지긋지긋해진 두 명의 아테네 사람이 새를 모아서 공중에 성을 지어 새의 왕국을 건설하는데요. 이것이 cloud-cuckoo land로, 신계와 인간계의 중간에 놓인 나라로 여겨졌습니다. 여기에 살짝 비아냥이 섞이며 현실과 동떨어진 즐겁고 행복한 장소를 의미하게 되었죠. She is living in cloud-cuckoo land는 '그녀는 현실과 동떨어진 몽상 속에서 살고 있다'라는 뜻입니다.

행복과 관련해 cloud nine이라는 표현도 있습니다. I'm on cloud nine은 '나는 최고로 행복하다'라는 뜻인데요. 이 표현의 유래와 자세한 설명은 〈숫자 표현〉 장(p.246)에서 확인해주세요.

지금까지 언급한 행복을 나타내는 표현과는 반대로 현실이 너무나 팍팍해서 공상의 세계로 도피하려는 상황을 표현하는 말도 있습니다. castle in the air는 공중의 누각으로, build castles in the air(공중에 누각을 짓다)는 '현실에서는 벌어질 수 없는 일을 공상하다', '현실성이 없는 계획을 세우다'라는 뜻이에요.

유명한 뮤지컬 영화 〈레미제라블 Les Misérables〉에는 어린 코제트가 부르는 노래 〈Castle on a Cloud〉가 나오는데요. 첫 가사가 "There is a castle on a cloud. I like to go there in my sleep(구름 위에 성이 있어요. 나는 꿈속에서 그곳에 가는 걸 좋아해요)"입니다. 비참한 상황 속에서 하다못해 꿈속에서만이라도 행복하게 지내고 싶다는 마음을 애절하게 호소하는 곡이에요.

즐거움이나 괴로움과는 또 다르게 '마음이 딴 데 가 있다'라는 뜻의 영어 표현도 많습니다. walk on air(공중을 걷다)는 폭신폭신한 구름 위를 둥둥 떠다니는 느낌이 나는, 현실감이 희박한 표현이죠. have one's head in the clouds(머리가 구름 속에 있다) 역시 같은 뉘앙스인데, 이를 응용한 get one's head out of the clouds(머리를 구름에서 내놓다)는

'현실로 돌아오다'입니다. Get your head out of the clouds and get back to work라는 말이 자주 사용되는데, '멍하니 있지 말고 일이나 해라', '업무로 복귀해라'라는 뜻이에요.

Wake up and smell the coffee(일어나서 커피 향기를 맡아라)는 '현실로 돌아와라', '지금의 상황을 직시해라'라는 의미로, 현재 상황에 어서 대처하라는 뜻입니다.

또한 Stop and smell the roses(멈춰서 장미 향기를 맡아라)는 친구나 가족이 곤경에 처했거나 업무에 정신이 쏠려서 주변을 돌아보지 못할 때 잠깐만 차분하게 마음을 놓고 일상의 즐거움이나 아름다움으로 눈을 돌려보라고 조언할 때 쓰는 표현이에요.

디즈니랜드 아빠 (Disneyland daddy)

'이혼하다'는 영어로 divorce, '별거하다'는 separate입니다. She has left her husband처럼 동사 leave를 사용하면 '그녀는 남편을 버렸다'라는 뜻이에요. 연인이든 부부든 '헤어지다'는 split up이나 break up을 쓰는데, 콤비나 밴드가 해산하는 경우에도 쓸 수 있어요.

지금도 가톨릭교회는 원칙적으로 이혼을 인정하지 않지요.* 워싱턴 D.C.에서 포토맥강을 건너면 바로 나오는 알링턴 국립묘지에는 미국 전 대통령 존 F. 케네디John F. Kennedy (1917~1963년)의 묘가 있습니다. 아일랜드계인 케네디는 가톨릭을 믿는 미국 최초의 대통령이었어요. 그의 곁에는 사이좋게 재클린Jacqueline Kennedy Onassis (1929~1994년) 전 부인의 묘가 나란히 자리해 있습니다. 이를 처음 본 저는 '재클린은 케네디가 죽은 후 그리스의 선박왕 오나시스와 재혼했잖아? 전 남편과 함께 묻혀도 문제 없을까?'라는 의문이 들었어요.

직원인지 이름표를 목에 건 사람이 보여서 물어봤죠. 그는 "재클린도 가톨릭 신자였지만 케네디와는 이혼한 게 아니라 사별이라서 종교적으로 문제가 없습니다. 게다가 재혼한 오나시스와의 사이는 최악이었다고 하죠. 그러니 케네디의 곁에 안장되기를 바랐을 겁니다"라고 친절하게 알려주더군요.

최근에 알고 놀란 표현으로 Disneyland daddy(디즈니랜드 아빠)가 있

어요. 아내와 이혼하거나 별거 중이라 정해진 횟수만큼만 아이와 만날 수 있는 아버지는 특별히 아이가 좋아할 만한 곳, 예를 들자면

---

* 특별한 예외로 '혼인 무효'가 있긴 하지만 이는 결혼이 성립된 시점으로 거슬러 올라가 결혼의 시비를 따지는 것으로, 개념적으로 이혼과는 다릅니다.

디즈니랜드 같은 곳으로 데려가곤 하죠. 아이와 아버지에게는 비참한 상황이지만 재치 있는 표현 아닌가요. 원래는 zoo daddy(동물원 아빠)라고 했는데 인기가 많은 Disneyland가 zoo의 자리를 차지했다고 해요.

나뭇잎을 뒤집다　　turn over a new leaf

　　미국인은 mobile people이라고 불립니다. 확실히 항상 여기저기 돌아다니고 직장을 바꾸는 사람도 많아요. 유명한 영어 속담으로 A rolling stone gathers no moss(구르는 돌에는 이끼가 끼지 않는다)가 있지요. 생활 방식이나 직장을 빈번하게 바꾸면 이득이 적기 때문에 한 가지 일을 꾸준히 하는 편이 최종적으로 더 이롭다는, '인내'를 중시한 말입니다. 영국인에게 물어보니 영국에서도 똑같은 뜻이라고 하더군요.

　　그런데 미국에는 이 속담을 정반대의 의미로 이해하는 사람도 있습니다. 움직이지 않고 있으면 강바닥의 돌멩이처럼 이끼 같은 쓸데없는 것이 들러붙으니 항상 움직여야 한다고 해석하는 거죠.*

　　미국인 친구가 오랫동안 살던 일본을 떠나 고국으로 돌아간다면서 "I've decided to turn over a new leaf"라고 말한 적이 있어요. turn over a new leaf는 '새로운 인생을 내딛다'라는 뜻입니다. 이 얼마나 낭만적인 표현인가요. 이 말을 들은 저는 낙엽이 물드는 가을에 벤치에 앉아서 하늘하늘 떨어지는 노란 잎을 집어 들고는 슬쩍 뒤집어 보며 해묵은 감정을 떨쳐내고 새로운 삶을 생각하는, 그런 고요한 한때를 떠올렸어요.

* 한국에도 똑같은 속담이 있는데 부지런하고 꾸준히 노력하는 사람이 계속 발전한다는 의미로 쓰이죠. 영국, 미국, 독일, 스페인, 이탈리아에서는 인내와 부지런함이라는 두 가지 모두의 뜻으로 쓰이고, 프랑스에서는 한 우물을 파라는 의미로만 쓰인다고 해요. - 옮긴이

　　하지만 자세히 알아보니 leaf는 나뭇잎이 아니었습니다. 책이나 공책의 페이지 역시 leaf로 부른다고 해요. 일본에서는 한 장의 종이나 사진을 세는 단위로 나뭇잎 엽葉을 쓰기도 하는데요. 그 예로 직장에서 회의나

발표가 있을 때 배포 자료의 다음 페이지를 봐달라는 뜻으로 "차엽을 봐주시길 바랍니다"라고 말하기도 해요. 나이가 좀 있는 분들이 쓰는 표현이죠. 혹시나 싶어서 사전에서 '葉'을 찾아보니 또 다른 의미로 '잎처럼 얇고 납작한 것 또는 그것을 세는 단위'라고 나와 있더군요.

turn over a new leaf의 의미를 생각하면서 가장 떠올리기 쉬운 장면은 아무것도 적히지 않은 일기장을 넘기는 모습일 겁니다. 혹은 소설의 다음 페이지를 넘겨서 새롭게 전개되는 스토리를 읽는 장면이 떠오를 수도 있고요. 흔히 '청춘의 한 페이지'라는 말을 쓰곤 하는데, 영어에도 비슷한 발상이 있다는 사실을 알고 반가운 마음이 들었어요.

불사조는 다시 태어난다 rise like a phoenix

인생에는 실패가 있기 마련이죠. '파산하다'를 go under, '도산하다'는 go bankrupt, go out of business라고 하는데, '빚을 지지 않고 굳세게 살아가다'는 keep one's head above water라고 표현해요. '머리(얼굴)만 물 위에 간신히 내놓고 있다'라는 뜻이에요.

좌절에도 굴하지 않고 복귀하는 것을 두고 '불사조처럼 되살아나다'라고 표현하는데, 영어로도 똑같이 rise like a phoenix from the ashes(재 속에서 불사조처럼 재기하다)라고 말합니다. 아마도 영어 표현이 먼저 생기고 그 후에 일본으로 넘어왔기 때문일 거예요. 어렸을 때 만화가 데즈카 오사무手塚治虫(1928~1989년)의 작품 〈불새火の鳥〉를 영화로 봤는데, 타고 남은 재에서 불사조가 되살아나 하늘 높이 날아오르는 장면이 있었어요. 그래서 그 표현을 볼 때면 영화의 장면이 떠오르곤 합니다.

참고로 '파산하다'는 go belly up이라고도 쓸 수 있는데, 여기에는 '죽다'라는 의미도 있어요. 물고기가 죽으면 배가 위로 향한다는 사실에서 생겨난 표현이에요.

조상님 곁으로

'죽다'의 유의어는 아주 다양합니다. 숨지다, 타계하다, 눈을 감다, 세상을 뜨다, 서거하다, 영면하다, 성불하다, 뒈지다 등등 끝이 없죠.

영어로 '죽다'는 당연히 die지만 완곡한 표현으로 pass away가 있습니다. 사고나 전쟁 등으로 죽는 것은 be killed라고 해요. expire 역시 '죽다'라는 뜻의 동사인데 '기한이 다 되다', '실효하다'라는 뜻도 있습니다. 예를 들어 여권에는 Date of expiry가 인쇄되어 있어요. expire의 명사형인 expiry는 계약이나 보증기한 등의 만료, 종료, 소멸을 가리키는 단어예요. 즉, 유효기간 만료일이라는 뜻이죠.

아널드 슈워제네거Arnold Schwarzenegger가 주연한 영화 〈터미네이터 The Terminator〉는 '말살하는 자'라는 의미입니다. 동사인 terminate는 '끝내다', '해고하다' 혹은 '암살하다'라는 뜻으로, terminate one's life는 '죽다'라는 의미예요.

그 외에도 return to dust(먼지로 돌아가다), breathe one's last(마지막 숨을 내쉬다), go to one's final rest(마지막 휴식에 들어가다), end one's days(생애를 끝내다), end one's life(일생을 끝내다) 등 '죽다'를 의미하는 표현은 너무나 많습니다.

pop off 역시 '죽다'의 구어적 표현이에요. pop은 popcorn(팝콘)에서도 알 수 있듯이 '펑(하고 울리다)'이라는 뜻이지만 '느닷없이 나타나다', '나가다'라는 의미도 있습니다. off는 '떨어지다', '사라지다'라는 뜻의 부사 및 전치사이므로 pop off는 '급사하다'가 됩니다.

놀랍게도 check out에도 '죽다'라는 의미가 있어요. 호텔에서 체크아웃을 하듯 이승을 떠난다는 말인 거죠. 참 홀가분한 표현이지 않나요.

성경에 자주 등장하는 give up the ghost도 있습니다. 여기서 ghost 란 유령이 아니라 혼, 영혼을 가리켜요. 죽으면 흔히 혼이 사람 몸에서 빠져나간다고 말하는데 give up the ghost 역시 '영혼을 포기하다', '영혼과의 관계를 끊다'라는 뜻이에요. 그 외에 종교적이고도 엄숙한 표현으로는 be called by God/Heaven(신·하늘의 부름을 받다), be called to Heaven(천국에 불려가다), be called to one's eternal rest(영원한 휴식에 들다) 등이 있어요.

meet/go to one's Maker 역시 '죽다'라는 뜻인데, 어떤 이유에서일까요? Maker의 첫 글자가 대문자라는 점에서 유추할 수 있을 텐데, 이는 인간을 창조한 조물주, 다시 말해 '신'을 가리킵니다. 조물주를 만나거나 조물주 곁으로 간다는 것은 곧 '신이 계신 하늘로 간다'는 뜻이 되겠지요.

또 join one's ancestors(조상님과 합류하다)라고 말할 수도 있습니다. 한편 join one's dear husband(사랑하는 남편과 합류하다)는 '남편을 먼저 떠나보낸 부인이 죽다'라는 뜻이에요. 연예인의 장례식 등에서 친구 대표가 추도사로 "나도 나중에 네 곁으로 가마. 그때는 찬찬히 술이라도 마시면서 이야기 나누자"라고 말하는 TV 뉴스 장면을 본 적이 있을 거예요. 죽으면 저세상으로 먼저 간 사람과 재회할 수 있다는 발상은 어디나 마찬가지인 모양입니다.

cash in one's checks도 '죽다'의 구어적 표현입니다. 저는 이 표현에 대해 큰 착각을 했어요. '수표를 현금으로 바꾸다'라는 있는 그대로의 의미로만 받아들였었거든요. 만약 여러분이 수표를 갖고 있는데 그 수표에 사인한 사람이 갑자기 죽었다면 당장 현금으로 바꾸지 않을까요? 부모 자식이나 친척 사이라면 유산 상속을 두고 이야기가 오갈지도 모릅니다. 그래서 저는 '수표를 현금으로 바꾸다＝죽다'라는 식으로 이해했었죠. 하지만 영영사전을 확인해보니 'cash in one's check=cash in one's chips'라고 쓰여 있었어요. chips은 도박에서 판돈 대신 사용하는 플라스틱으로, checks는 이 칩과 같은 말이었어요. 즉 '도박으로 딴 칩을 현금으로 바꿔서 청산하다'라는 말이 '죽다'를 의미하게 된 거죠.

조금 오래된 표현으로는 buy the farm이 있어요. 제1차 세계대전에서 사망한 미국인의 유족이 농원을 구입할 정도의 배상금을 받은 사실에서 유래했어요.

'죽다'를 뜻하는 표현은 이처럼 무척 많지만 그중에서도 kick the bucket(양동이를 걷어차다)이 손꼽히는 구어적 표현일 거예요. 어원과 자세한 내용은 〈무서운 표현〉 장(p.73)에서 다루겠습니다.

백조의 노래

> swan song

분위기를 바꿔봅시다. 무척 시적인 표현으로 swan song이라는 말이 있습니다. 백조는 울지 않는 새지만 딱 한 번 죽을 때 아름다운 소리로 운다는 전설이 있어요. 그래서 스포츠 선수의 은퇴 전 마지막 시합이나 작가의 절필, 배우의 마지막 공연 등과 같은 의미로 사용되기 시작했죠.

그러고 보니 아주 예전에 나온 쇼지 가오루庄司薫가 쓴《백조의 노래 따윈 들리지 않아白鳥の歌なんか聞えない》라는 소설이 있습니다. 얼핏 젊은 남녀의 담백한 연애 이야기로 보이지만 찬찬히 읽어보면 무척이나 심오한 소설입니다.

소설 속에는 죽음을 앞둔 노인이 등장합니다. 그의 머릿속에는 방대한 지식이 깃들어 있는데, 그 지식이 모조리 사라지려 하죠. '넓고 깊은 지식을 얻는다는 건 인생에서 어떠한 의미를 지닐까? 인생이란, 죽음이란, 지식이란 뭘까?' 등 많은 생각을 하게 하는 수작이었어요.

쇼지 가오루도 이제 상당한 고령일 텐데, 노성한 아쿠타가와상* 작가의 작품을 읽어보고 싶은 사람은 저뿐일까요.

> * 일본 최고 권위의 문학상으로, 쇼지 가오루는 1969년에 수상했어요.

업무 표현

Funny Business English

달빛 아래서 일하다

> moonlight

어느 영국인 작가와 함께 원고를 체크하다 보니 어느샌가 밤이 깊고 말았습니다. 그가 시계를 보며 내게 건넨 "Let's call it a day"라는 말이 지금까지 잊히지 않네요. 직역하면 '그것을 하루라고 부르자'지만, '오늘은 이만 (작업을) 끝냅시다'라는 뜻입니다. 특히 밤이라면 call it a night(그것을 밤이라고 부르자)라고 할 수도 있습니다. '오늘 밤에는 이만 끝냅시다'라는 의미예요.

밤과 관련해 moonlight라는 표현이 있습니다. 자신의 본업 외에 '부업을 하다', '아르바이트를 하다'라는 뜻인데요. 밤에 달빛 아래서 남의 눈을 피해 몰래 일을 하는 모습이 그려지지요? 예를 들어 He is moonlighting as a bartender는 '그는 야간에 바텐더 아르바이트를 한다'가 되겠죠. 본래 moonlight에는 '밀주를 매매하다'라는 의미가 있습니다. 밤에 남의 눈에 띄지 않는 곳에서 거래를 했기 때문인데요. 명사 moonlight에는 '밀주'라는 뜻도 있어요.

'부업을 하다'가 moonlight라면 본업(main job, regular work)을 가리키는 표현은 day job입니다. 똑같은 day가 붙더라도 day labor는 일용직 노동, day laborer는 일용직 노동자를 의미합니다.

'일하다'와 관련한 표현으로 work hard(열심히 일하다), work long hours(장시간에 걸쳐 일하다), work overtime(추가 근무를 하다) 등이 있습니다. '쉬지 않고 밤낮없이 일하다', '24시간 내내 일하다', '하루 종일 일하다'는 clock(시계)을 넣어서 work around the clock으로 표현합니다. '시간 안에 마무리를 짓기 위해 열심히 일하다'는 work against the clock

인데, 시곗바늘의 움직임을 거스르듯 빠르게 휙휙 작업을 진행한다는 뜻이에요. 참고로 '정해진 일정대로 묵묵히'는 like clockwork로 '시계처럼 정확하게'라는 뜻입니다.

흔히 바쁠 때 '숨 쉴 여유도 없다'라고 하죠. 영어에도 똑같은 표현이 있습니다. I hardly had time to breathe yesterday를 직역하면 '어제는 (바빠서) 숨 쉴 시간도 없었다'입니다.

어려운 일, 쉬운 일

> a piece of cake

어려운 일이 있는가 하면 쉬운 일도 있지요. 어렵거나 버거운 일은 a tough job, hard job, difficult job입니다(job 대신 work나 task를 쓰기도 합니다). 조금 어려운 표현이지만 힘에 부치는 어려운 일은 formidable task라고 합니다. 그 외에도 영어다운 세련된 표현으로 high wire act 가 있어요. high wire는 '(서커스의) 줄타기용 줄'을 가리키는 말로, high wire act는 줄타기처럼 어렵고 위험한 일이라는 뜻이에요.

쉬운 일은 당연히 easy job입니다. 업무뿐 아니라 시험이나 어떤 자격 취득을 두고 '그 정도야 간단하다', '식은 죽 먹기다'라고 말하고 싶을 때 가장 널리 알려진 표현으로는 a piece of cake(한 조각의 케이크)가 있지요. The entrance examination was a piece of cake(입학시험은 식은 죽 먹기였어)라거나 Piloting a plane is a piece of cake(비행기 조종 쯤은 간단하지)처럼 쓸 수 있습니다.

어째서 a piece of cake가 '간단한'이라는 의미가 되었는지 여러 문헌을 찾아봤지만 번번이 '유래는 알 수 없음'이라 쓰여 있더군요. 그나마 자주 찾아볼 수 있는 설명은 '쉽게 날름 먹을 수 있기 때문'이었어요.

같은 의미로 as easy as pie(파이처럼 간단한)가 있습니다. pie가 들어가는 말로는 as American as apple pie(애플파이처럼 미국스럽다)라는 표현도 있고요. 또 American mother and apple pie(미국 어머니와 애플파이)라는 전형적인 문구도 있습니다. 우리에게 익숙한 뜻으로 옮기면 '어머니와 된장국'쯤 될 것 같아요.

이러한 표현을 보면 어쩌다 pie가 '쉬운', '간단한'이라는 의미로 자리를 잡았는지 상상이 됩니다. 미국인이라면 대부분 출출할 때 어머니가 익숙한 솜씨로 눈 깜짝할 사이에 파이를 구워주었던 추억이 있지요. 그래서 머릿속에 파이는 빠르게 만들어 바로 먹을 수 있는 음식이라고 새겨져 있을 거예요.

그 외에도 '쉽다'는 표현은 많습니다. a walk in the park는 공원을 산책하는 것만큼 간단하다는 뜻이에요. Using a computer is a walk in the park(컴퓨터는 사용하기 쉽다)라는 식으로 쓸 수 있습니다.

흔히 간단한 일을 두고 '눈 감고도 할 수 있다'라고 말하곤 하죠. 영어로도 I could do it with my eyes closed라고 표현합니다. 우리와 생각하는 방식이 똑같기에 '다 같은 인간이구나. 생각하는 건 별 차이가 없구나' 하고 마음이 놓이기도 합니다.

또 한 가지, '너무 고민하지 마. 그렇게 어려운 일은 아니니까'라고 말하고 싶을 때 사용하는 재미있는 표현이 있습니다. It's not rocket science(로켓 과학이 아니야). 정말 재치 있는 표현이에요. 이런 말을 들으면 잠깐이나마 어깨에 들어간 힘이 빠지고 마음이 가벼워지지 않을까요.

나가는 문은 저쪽입니다 | show someone the door

'고용하다'는 영어로 employ나 engage 혹은 hire를 씁니다. 많이들 하는 생각이겠지만 '고용하다'가 hire인데 '해고하다'는 fire라니, 정말 이지 헷갈려요. h와 f, 한 글자 차이로 뜻이 정반대가 되니까요.

문제의 fire에는 '불'이라는 뜻도 있죠. 그런데 어째서 '해고하다', '자르다'라는 의미로 사용되는 걸까요? fire에 '(총을) 발사'라는 뜻도 있어서 '직원을 다른 회사를 향해 발사한다'에서 유래했다는 이야기가 유명하긴 합니다.

또 하나, discharge라는 단어에서 비롯했다는 설도 있어요. discharge 는 의무나 근무 따위에서 '해방되다'라는 뜻인데, 여기서 '해고하다'로 의미가 확장되었다는 겁니다. 또한 discharge에는 '총을 쏘다', '발사하다'라는 의미도 있는데 fire도 그렇죠. 그래서 discharge의 다양한 의미 중 하나인 '해고하다'가 fire로 이어졌다는 설입니다. 제 생각에는 이쪽 이 더 신빙성이 높아 보여요.

그 외에 dismiss, sack 등도 같은 말이고, ax(도끼)*처럼 무시무시 한 표현도 있습니다. 그야말로 목을 자르는 느낌을 주는 단어죠. show someone the door도 있습니다. 경영자가 직원에게 해고를 알린 뒤 '출 구를 가리킨다'는 말입니다.

과거 미국에서는 해고 통지를 pink slip이라고 불렀어요. 지금도 '그 는 해고되었다'를 He got his pink slip으로 표현하는 경우가 있습니다. 해고 통지서가 분홍색 용지였던 사실에서 유래했습니다.

일시적 해고를 뜻하는 layoff, 구조조정을 뜻하는

* 영국에서는 axe라고 표기합니다.

45

restructuring은 안타깝지만 우리에게도 익숙한 단어죠. 해고나 일시 휴직을 가리키는 또 다른 단어로 다소 낯설지만 furlough가 있습니다. 해외파병 중인 군인이나 공무원에게 주어지는 휴가 혹은 일반 노동자의 개인적 사정에 따른 휴가, 휴직이라는 의미도 있습니다.

여기서 떠오르는 것이 바로 일본의 '헬로 워크Hello Work(일본 정부가 운영하는 직업 소개 기관-옮긴이)'입니다. '안녕, 일자리야'라고 해석할 수 있어 제법 재치 있는 작명이라고 생각했습니다.

그런데 일본에 오랫동안 거주한 미국인이 "나는 헬로 워크가 펄로 워크Furlough Work인 줄 알았어. 일본어에서는 h와 f 발음이 애매모호하거든"이라더군요. 그는 "분명 Hello Work라는 이름을 생각한 사람은 furlough를 알고 있었을 거야"라고 말했습니다. 저는 지나친 추측 같은데, 그저 우연의 일치 치고는 절묘하지요?

내부 고발자는
피리를 분다

blow the whistle

내부 고발자는 whistleblower라고 합니다. '내부 고발을 하다'는 blow the whistle이고요. 스포츠 경기에서 심판이 호각을 부는 모습에서 유래했습니다.

조직의 부정이나 악행을 밝힌 직원이 되레 고소나 보복성 인사 조치를 당하는 등 심각한 불이익을 보기도 하지요. 이러한 사람들을 보호하기 위해 미국에서 제정한 '내부 고발자 보호법'을 Whistleblower Protection Act라고 합니다.

조직 생활을 하다 보면 남의 업무 태도나 인격을 과도하게 헐뜯는 사람도 볼 수 있습니다. 그런 사람은 십중팔구 "자기는 아무것도 안 하는 주제에…"라고 역으로 비평을 받기 쉽죠. 흔히 회사에 비평가는 필요치 않다고 하는데, 아무것도 하지 않으면서 남만 비판하는 사람은 backseat driver라고 합니다. 뒷좌석에 앉아서 꼬치꼬치 지적만 하는 사람을 의미해요.

fence-sitter(담장 위에 앉은 사람)라는 표현도 있습니다. 높은 담장 위에 앉아 구경꾼처럼 일의 흐름을 지켜보면서 자신에게 유리한 쪽에 붙기 위해 형세를 살핀다는 뉘앙스를 지닙니다. 기회주의자나 철새로 해석할 수 있어요. He's still sitting on the fence는 '그는 아직 결정을 내리지 않은 채 상황을 살피고 있다'라는 뜻입니다.

armchair critic(팔걸이의자 비평가)라는 표현도 있어요. 팔걸이가 달린 의자에 거만한 자세로 앉은 채, 하는 일도 없고 능력도 없으면서 말만 전문가처럼 거창하게 늘어놓는 사람을 가리킵니다.

미국에서 사용하는 좀 더 재미있는 표현이 있어요. Monday morning critic(월요일 아침의 비평가)인데, 일요일에 있었던 미식축구나 야구 시합에 대해 다음 날인 월요일에 이러쿵저러쿵 비평하는 사람을 말합니다. 유사한 표현으로 Monday morning quarterback(월요일 아침의 쿼터백)이 있어요. 미식축구에서 quarterback은 공격의 사령탑으로, 플레이의 기점이 되는 핵심 포지션입니다. 아마추어가 잘난 듯이 선수의 플레이나 코치의 전술을 비평하는 모습이 떠오를 겁니다. 이 두 표현은 '때늦은 지혜나 결과론적으로 비판하는 사람'이라는 의미도 품고 있어요. 여러분 주위에도 이런 사람이 있지 않을까요.

하지만 회사에는 그렇게 입만 산 사람뿐 아니라 성실하게 책임감을 갖고 일하는 사람도 있죠. '책임을 지다'는 보통 take responsibility로 쓰지만 그 외에도 여러 표현이 있습니다. carry the weight of the world on one's shoulders(지구의 무게를 자신의 어깨로 떠받친다)는 혼자서 책임을 떠맡는다는 뜻이에요. put one's shoulder to the wheel(진창길에 빠진 마차 바퀴를 어깨로 받친 채 밀어낸다)은 이러쿵저러쿵 말하는 대신 뼈가 으스러지도록 일한다는 의미입니다.

'책임지게 하다'라는 의미로 He was crucified for making a big mistake(그는 큰 실수를 저질렀기 때문에 십자가에 매달렸다)라는 과장된 표현이 있습니다. 또 Heads will roll(머리가 굴러다닐 것이다)이라는 무서운 표현도 있어요. 큰 실수가 생기거나 실적이 크게 감소해 사내에서 누군가가 책임을 져야 할 거라는 소문이 돌 때 쓰이는 표현입니다.

넘어가면 죽는 선

meet the deadline

언제부터인가 비즈니스 현장에서 deadline(마감)이라는 단어가 흔히 사용되기 시작했습니다. 처음 미국인에게서 그 말을 들었을 때 살짝 충격을 받았어요. '그래, 마감을 못 지키면 죽는 거구나. 그 정도로 심각하고 철저하게 생각하는구나'라고 느꼈거든요.

deadline을 곧이곧대로 해석하면 사선死線입니다. 그렇습니다. 본래 이 단어는 그야말로 '죽음의 선'을 의미하는 말이었죠. 미국 남북전쟁(1861~1865년) 당시 포로수용소에는 감옥에서 반경 17피트* 지점에 선이 그어져 있었는데, 포로가 조금이라도 그 선을 넘으면 사살했던 사실에서 유래했습니다. 이 말이 어느새 시간적인 마감으로 뜻이 변한 거죠.

'마감을 지키다', '마감에 맞추다'는 meet the deadline이라고 표현해요.

> * 1피트는 약 30.5센티미터로, 17피트는 약 5.18미터입니다.

이왕이면 황금 수갑을

golden handcuffs

다른 회사에서 인재를 발탁하는 행위를 headhunt라고 합니다. 헤드헌팅을 전문으로 하는 회사도 있죠. 잘 생각해보면 deadline 못지않게 무서운 단어예요. 머리 사냥이라는 뜻이잖아요. headhunter는 머리를 사냥하는 부족이고요.

그나저나 어느 회사에든 유난히 유능한 사람이 있기 마련인데요. 그런 인재를 다른 곳에 빼앗기지 않으려면 좋은 조건을 제시해 회사에 눌러앉혀야겠죠. 1980년대 후반 미국에서는 유능한 사원에게 제시하는 파격적인 대우를 golden handcuffs(황금 수갑)라고 불렀습니다. cuff란 소매를 뜻하는 말로 cuffs button은 소매 단추, handcuffs는 수갑을 가리킵니다.

특히 계약을 갱신할 때 golden handcuffs가 제시되는 경우가 많죠. 프로야구에서 FA Free Agent, 자유계약선수를 선언한 선수를 다른 구단에 빼앗기지 않기 위해 파격적인 제안을 하는 일을 종종 볼 수 있습니다. golden handcuffs의 사례라고 할 수 있어요.

머릿속 폭풍   brainstorming

여러 사람이 떠오르는 아이디어를 날것 그대로 제안하는 것을 brainstorming(브레인스토밍)이라고 합니다. brainstorm이란 직역하면 '머릿속 폭풍'인데, 본래 영감靈感이나 번뜩임을 가리키는 단어였어요.

브레인스토밍은 격식을 차린 의례적인 회의가 아니라, 뭔가를 만들어내기 위해 창의적인 아이디어를 내는 회의를 뜻합니다. 1930년대 후반에 미국의 광고 대리점에서 부사장을 역임한 알렉스 오스본Alex Osborn(1888~1966년)이 고안했습니다.

브레인스토밍에는 몇 가지 규칙이 있어요. 먼저 참가자는 머릿속에 떠오른 생각은 무엇이든 말해도 됩니다. 아니, 말해야만 합니다. 일단 마구잡이로 아이디어를 잔뜩 내놓아야 해요. 가장 주목해야 할 부분은 지위나 연령, 경험의 차이를 완전히 무시한다는 거예요. 또한 다른 사람이 내놓은 의견을 비판해서는 안 된다는 점도 중요합니다. 보통은 회의 때 진행의 흐름에 따라 발언하지 않으면 분위기 파악을 못 한다며 비판받기 십상이죠. 하지만 브레인스토밍을 할 때는 기승전결 따윈 중요치 않습니다. 기발한 아이디어도 대환영이죠. 일단 머릿속에 떠올랐다면 무엇이든 꺼내놓고 마지막에 전망이 있는 아이디어를 선택한 후 융합해서 개선해나가는 방식입니다.

사공이 너무 많으면

아이디어를 내놓을 때는 brainstorming도 괜찮지만 모두 모여서 하나씩 확실하게 회사의 방향성을 정해나가는 회의도 필요한 법이죠. 여럿이서 각자의 업무 경험이나 지식을 나누면 정확한 판단을 할 수 있을 테니까요.

그런데 지인 중에 일본 회사로 헤드헌팅된 미국인 이사가 있는데, 그는 "일본 회사에는 생산성 없는 의례적인 회의가 너무 많아. 이런 쓸데없는 회의에 출석하는 사원 모두의 월급을 시급으로 환산해서 계산해보니 터무니없는 액수였어. 직원 개개인의 업무가 직접적으로 성과로 이어지는 더욱 합리적인 시스템을 구축해야 해"라고 하더군요.

그 말을 듣고 Too many cooks spoil the broth(주방장이 너무 많으면 수프를 망친다)라는 영어 속담이 떠올랐어요. 우리에게 익숙한 속담으로 바꿔보면 '사공이 많으면 배가 산으로 간다'가 되겠지요. 같은 뜻의 신기한 영어 속담이 또 있습니다. A camel is a horse invented by committee(낙타는 위원회가 만들어낸 말이다). 여럿이 토론해서 모두가 납득할 만한 말(horse)을 만들어내려고 했더니 낙타처럼 기상천외한 결과물이 나오고 말았다는 표현이에요. 아하!

재치 가득한 표현

Witty Expressions

길게 목을 빼고

rubberneck

영어에는 나도 모르게 '합격!'이라 외치고 싶어지는 재치 있는 표현이 많습니다. 예를 들어 미국에서 주로 쓰는 rubberneck bus는 관광버스를 의미해요. rubberneck은 직역하면 '고무 목'입니다. 관광버스를 타면 가이드가 "오른쪽을 봐주세요", "왼쪽을 봐주세요"하면서 길가의 유명한 관광지를 설명해주죠. 승객은 그 설명에 따라 일제히 목을 좌우로 돌리고요.

"왼쪽을 봐주세요"하며 설명하는 사이에 그 관광지가 뒤쪽으로 지나가버리기도 해요. 가이드가 "아, 벌써 지나가버렸네요"라고 말하면 승객은 목을 좀 더 뒤쪽으로 돌리죠. 마치 목이 고무로 만들어진 것처럼 모두가 일제히 좌우로, 앞뒤로 목을 돌리는데요. '고무 목'은 이런 광경을 가리킵니다. 그래서 단체 관광객을 rubberneck 혹은 rubbernecker라고 부르기도 해요.

동사로 rubberneck은 '들여다보다'라는 뜻이에요. 특히 호기심에 목을 길게 빼고 두리번거린다는 뉘앙스가 있어요. 예를 들어 운전자가 천천히 운전하며 고개를 돌려 옆 차선의 교통사고 현장을 살펴볼 때 자주 씁니다. 그래서 명사 rubberneck에는 구경꾼이라는 뜻도 있습니다.

만화 같은 표현

> catch some Zs

만화처럼 유머러스한 표현으로 catch some Zs가 있습니다. 무슨 뜻
인지 눈치챘나요? 앞서 밤늦게까지 작업했을 때 영국인 작가가 "Let's
call it a day(오늘 작업은 여기서 끝냅시다)"라고 말했다고 언급했었
죠.(p.41) 그때 그는 이어서 "I want to go back home and catch some
Zs"라는 말을 덧붙였습니다. 집에 가서 자고 싶다는 뜻이에요. 영어 만
화에서는 '쿨쿨' 자는 소리를 'Zzzz…'로 표현합니다. 그래서 Z의 복
수형인 Zs를 catch하는 행위가 '잔다'를 의미하게 된 거죠.

ring off the hook 역시 재미있는 만화적 표현입니다. '전화벨이 쉴
새 없이 울린다', '전화가 쇄도하다'라는 뜻이에요. 예전의 전화기는 벽
에 달린 고리에 걸려 있었습니다. 시끄러운 호출음이 쉴 새 없이 울리
는 통에 전화기가 고리에서 튀어나올 것 같다는 과장된 표현입니다.
off에는 '떨어지다'라는 뜻이 있어요.

그러고 보니 초기의 디즈니 만화영화에도 전화벨이 울리는 동시에
전화기 전체가 부르르 떨리다 급기야 튀어 오르는 장면이 있었어요.
처음 휴대폰이 생겼을 때 진동으로 설정해두면 책상 위에서 드르륵 진
동하며 움직여서 감동했던 적이 있습니다. 현실 세계가 비로소 만화를
따라잡았다는 생각이 들어서 말이죠.

전화와 관련된 영어 표현 중에서 예전부터 의문이 따라다녔던 말
이 있습니다. '전화를 끊다'를 hang up the phone 혹은 hang up the
receiver라고 하는데요. 어째서 up을 쓸까요? 수화기를 내려놓는 거라
면 hang down이 맞지 않을까요? 그대로 외우긴 했지만 도무지 납득할

수 없어서 put down the phone 등의 다른 표현을 썼어요.

hang up the phone은 예전의 전화기가 앞서 설명한 것처럼 벽에 걸려 있었던 데서 유래했습니다. 즉, 수화기를 내려놓는 것이 아니라 '들어서(up)' 벽에 걸린 전화기 본체에 거는 것이 전화를 끊는 방식이었던 거죠. 모자나 코트를 옷걸이에 거는 행위를 hang up이라고 하는데, 비슷한 동작입니다.

스마트폰에는 수화기도 다이얼도 없죠. 조만간 hang up the phone은 물론이고 '다이얼을 돌리다'의 dial조차 젊은 사람은 이해하지 못해 사어死語로 전락하지 않을까 싶네요.

태울 정도로 많은 돈

have money to burn

돈에 대해서도 다소 과장되지만 재치 있는 표현이 많습니다. have money to burn이라는 관용구가 무슨 뜻인지 아나요? He has money to burn은 '그는 돈을 태울 정도로 갖고 있다'라는 뜻입니다. 흔한 표현으로 '썩어날 정도로 돈이 많다'는 말이에요.

이와 반대로 돈이 없어서 언제나 고달픈 사람도 있죠. money burns a hole in somebody's pocket(돈이 주머니를 태워서 구멍을 뚫다)은 돈을 아무리 벌어도 구멍으로 돈이 계속 빠져나가는 모습을 나타냅니다. '돈을 낭비하다', '돈이 수중에 남아나지를 않는다'는 뜻입니다. 그러니까 Money burns a hole in his pocket은 '그에게는 낭비벽이 있다'라는 의미예요.

marry money(돈과 결혼하다)는 부자와 결혼한다는 뜻입니다. 주변에서 종종 들을 수 있는 '저 사람은 돈을 보고 결혼했어'라는 말을 무척 간단하고도 직설적으로 표현한 말입니다.

코를 처박고 책을 읽다　　　have one's nose in a book

have one's nose in a book(책 속에 코를 처박다) 역시 꽤나 재치 있는 표현입니다. 정신없이 책을 읽는 모습을 묘사하죠. 그렇게 가까이서 책을 읽으면 눈이 나빠지지 않을까 걱정스럽지만 이 또한 영어 특유의 과장 표현입니다.

비슷한 뜻으로 우리에게 익숙한 표현인 '책벌레'가 있는데, 영어로도 bookworm이라고 합니다. 우연의 일치일까요? 그 외에 책을 좋아하는 사람을 booklover(독서 애호가)라고도 합니다. book addict 역시 책을 무척 좋아하는 사람, 독서가라는 뜻이고요. 커피를 좋아하는 사람은 coffee addict(커피 중독), 야구광은 baseball addict(열광적인 야구 팬)라고 부르기도 합니다.

freak는 마약중독자이지만 팬이나 열광적인 사람을 뜻하기도 해요. speed freak는 '(스피드라는 이름의) 각성제 중독자'와 '(자동차) 속도광'이라는 두 가지 의미를 지닙니다. junkie 역시 마약중독자와 더불어 한 가지에 푹 빠지는 애호가, 마니아를 뜻하는데 camera junkie라고 하면 카메라 마니아를 가리킵니다.

그 외에도 열광하는 사람을 나타내는 표현은 무척 많습니다. 영화배우나 가수 등 연예인에게 열광하는 사람은 fan, 정치나 종교 등에 열중하는 광신도는 fanatic이라고 합니다. enthusiast도 뭔가에 열중하는 사람을 가리키는데, 특히 일본에서는 언제부터인가 자동차에 푹 빠진 사람을 '엔스'라고 부르기 시작했어요. 일반적으로 통용되는 말은 아니지만, car enthusiast(자동차 애호가)라면 누구나 알고 있는 익숙한 표현입니다.

geek도 있습니다. 몇몇 영어사전에는 '(살아 있는 닭의 목을 물어뜯는 등의) 엽기적인 공연을 하는 곡예사, 예능인', '뱀 곡예사'라는 설명이 실려 있어요. 하지만 여러 미국인, 영국인에게 물어보니 그런 무시무시한 뉘앙스는 전혀 느껴지지 않는다고 했어요(확실히 영영사전에는 그런 의미가 적혀 있지 않았습니다). 그들은 입을 모아 geek이 기인, 괴짜를 뜻하기는 하지만 주로 컴퓨터나 인터넷을 오랫동안 파고들어 깊은 지식을 지닌 인터넷 마니아를 가리킨다고 하더군요.* 흔히 computer geek 이라는 식으로 부르는데, hacker(해커)가 geek의 전형적인 사례라고 해요.

* 비슷한 단어로 요즘 많이 쓰이는 nerd가 있어요.

쉴 새 없이 넘어가는 책장   page-turner

앞서 말한 have one's nose in a book(정신없이 책을 읽다)과 관련해 page-turner라는 표현이 있습니다. 페이지를 넘기기 아까울 정도로 재미있는 책, 한번 읽기 시작하면 멈출 수 없는 책을 뜻합니다.

비슷한 표현으로 nail-biter(손톱을 깨무는 사람)가 있어요. 가슴 졸이게 하는 서스펜스 영화나 추리소설을 가리킵니다. 저도 모르는 사이에 손톱을 깨물 정도로 재미있어서 사람을 열중케 하는 작품이죠. 스포츠에서 손에 땀을 쥐게 하는 열띤 접전도 nail-biter라고 합니다.

한편 눈물이 멈추지 않는 감동적인 영화나 연극, 책은 tearjerker라고 부르는데, 다소 비아냥을 담아 해석하자면 '최루성 작품'이라고 할 수 있습니다.

page-turner나 nail-biter, tearjerker는 책의 광고 문구로 자주 쓰입니다. 'This book is a real page-turner!'는 흔히 보이는 표현이죠. 하지만 요즘은 지나치게 자주 쓰인 탓인지 이전만큼의 임팩트는 사라진 느낌이에요. 우리도 서점에 가면 '눈이 번쩍 뜨이는', '주옥같은 에세이', '눈물이 멎지 않는 감동 스토리' 같은 광고 문구를 곧잘 볼 수 있는데 너무 많이 쓰여 이제는 아무런 감흥이 없어졌습니다.

비슷하게 'er'을 사용한 표현으로 eye-opener가 있습니다. 미국 속어로는 '(아침에 정신을 차리기 위한) 해장술', '샤워'라는 의미가 있으며, 눈이 번쩍 뜨이는 일, 눈이 휘둥그레지는 것을 가리켜요. 어떤 진실을 알고 깜짝 놀라 눈이 번쩍 뜨였을 때 흔히 사용합니다.

말 한 마리를 먹을 수 있을까?

> I could eat a horse

재치 넘치는 영어 표현 중에 실제로는 말도 안 되는 과장된 것도 많습니다. 그중 하나가 I'm so hungry that I could eat a horse(말 한 마리를 먹을 수 있을 정도로 배가 고프다)예요. can이 아니라 could인 이유는 '먹으려고 마음을 먹으면', '굳이 그래야 한다면' 혹은 '만약 누군가 말을 잡아준다면'이라는 조건부의 뉘앙스가 있기 때문이에요.

이 표현은 아주 예전에 NHK 〈라디오 영어회화〉라는 프로그램에서 처음 들었어요. 두 명의 신문기자가 the real America / American을 찾아서 취재하는 형식의 방송이었는데, 제가 영어 표현과 미국에 흥미를 갖는 계기를 마련해준 강좌였습니다.

어느 날 기자가 여성 컨트리 가수를 취재했어요. 녹음이 끝나고 스튜디오에서 나온 그 가수가 한 말이 바로 "I'm so hungry that I could eat a horse"였습니다. 저는 자유분방한 컨트리 가수가 그때 느낀 감정을 자기 식대로 즉흥적으로 거칠게 표현한 말이라고만 생각했어요. 나중에 보니 영어표현사전에도 실려 있는 말이라 놀라지 않을 수 없었죠.

그 가수는 무척 덜렁거리는 성격이어서 툭하면 뭔가를 잃어버렸어요. 머릿속이 컨트리 음악의 가사와 곡으로 꽉 차서 다른 일에는 전혀 무관심했던 탓이었죠. 두 사람은 스튜디오를 나와 레스토랑에서 인터뷰를 이어갔는데 가수는 자신의 차를 주차장 어디에 세워뒀는지를 잊어버렸어요. 그때 그 가수가 한 말도 무척 재미있었어요. "I have to get my own head screwed on(머리를 나사로 단단히 조여야겠어요)", 다시 말해 그러지 않으면 머리까지 어디론가 사라질 것 같다는 뜻이었습니다. 이 또한 사전에 버젓이 실린 표현으로 '정신을 다잡다'라는 의미였어요.

　우리도 흔히 '나사가 빠졌다'라는 말을 쓰는데, 영어에도 have a screw loose(나사가 헐거워지다), be missing a few screws(나사가 조금 풀리다)라는 말이 있어요. 우연의 일치일까요?

손에 장을 지진다

eat one's hat

말 한 마리를 먹는 것이 불가능하듯 모자도 먹을 수 없죠. 하지만 놀랍게도 eat one's hat이라는 표현이 있습니다. I will eat my hat if … 라는 관용구로 쓰이는데, if 이후에는 절대 벌어질 수 없는 일이 이어집니다. I'll eat my hat if he becomes a movie star(만약 그가 영화 스타가 된다면 나는 모자를 먹겠어)는 '그는 절대 스타 배우가 되지 못할 것이다'라는 뜻입니다.

나중에 〈지명 표현〉 장에서도 다루겠지만 이와 비슷한 표현으로 if …, I am a Dutchman(만약 ~이라면 나는 네덜란드인이다)이라는 표현도 있습니다. 예를 들어 If that's gold, I am a Dutchman(만약 그게 금이라면 나는 네덜란드인이다)은 '절대로 금이 아니다'라는 뜻이에요. 네덜란드인은 신용할 수 없다고 여겨졌던 데서 유래했습니다. 우리가 흔히 쓰는 '만약 ~라면 내 손에 장을 지진다' 혹은 '내 성을 간다'와 비슷한 표현이에요.

현실에서는 불가능한 일을 표현하는 말인 It's so hot you could fry an egg on the sidewalk도 재미있습니다. 너무 더워서 길바닥에서 달걀이 익겠다는 비유적 표현인데요. could를 사용해서 '그러려고 마음만 먹으면 가능하다'라는 뉘앙스를 자아냅니다.

그런데 캘리포니아주의 데스밸리에서 공원 관리인이 실제로 땅 위에 프라이팬을 내려놓고 달걀 프라이를 하는 모습을 유튜브에 업로드해서 화제가 된 적이 있어요. 과거 56.7도라는 세계 최고 기온을 기록한 장소였기에 그곳의 예사롭지 않은 더위를 전하고 싶었을 겁니다. 물론 그 발상의 바탕에는 It's so hot you could fry an egg on the sidewalk라는 표현이 자리하고 있었을 테죠. 이 영상이 유명해지면서 많은 방문객이 달걀 프라이를 하러 공원을 찾는 사태가 벌어졌습니다. 심지어는 자동차의 보닛이나 아스팔트 위에 바로 달걀을 굽는 사람까지 나타나자 국립공원에서는 자기 달걀 껍질은 각자 가지고 돌아가라고 주의를 줄 수밖에 없었죠.

인간의 여러 감정을 과장하는 표현도 다양합니다. This comedy had them rolling in the aisles는 '그 희극은 너무 재미있어서 관객이 (극장 좌석에서) 통로까지 굴러 나와 박장대소했다'라는 뜻입니다.

박수갈채로 공연장이 들썩이는 상황은 bring the house down이라고 표현합니다. 공연장이 일순간 번쩍 들렸다가 떨어지는 듯한 충격을 느끼게 해주는 표현이죠.

감정 중에서도 분노와 관련된 과장 표현이 매우 많습니다. lift the roof

는 '옥상이 들썩거릴 정도로 길길이 날뛰다'를, hit the ceiling은 '격한 감정이 천장을 때릴 정도로 화가 나다'를 의미합니다. 미국의 개척 시대에 생겨난 fly off the handle이라는 말도 있어요. '발끈해서 자제심을 잃을 만큼 화가 나다'라는 뜻입니다. 화가 나서 손도끼로 상대를 치려 했지만 그 기세가 지나쳐서 도끼날이 자루에서 쑥 빠져 날아가고 말았다는 표현인데요. 화를 내는 사람의 격한 말이 도끼날처럼 상대방에게 날아가 깊은 상처를 남긴다는 뉘앙스로도 쓰입니다.

shoot the moon

영어의 과장된 표현 중에는 결코 일어날 리 없는 일도 있습니다. get blood out of a stone(돌에서 피가 난다)이 대표적인 사례입니다. 돌에서 피가 날 리 없죠. 따라서 '말도 안 된다', '불가능하다', '극히 어렵다'라는 말입니다. It's easier to get blood out of a stone than to get a donation from her는 '그녀에게서 기부를 받아내기보다 돌에서 피가 나길 기다리는 편이 더 쉽겠다'는 뜻입니다.

분위기를 바꿔서 낭만적인 표현 하나를 소개해보겠습니다. cry for the moon은 달이 갖고 싶다고 크게 외치는 모습을 나타냅니다. 달이 자신의 소유물이 될 리 없으니, 꿈만 같은 기대, 불가능한 일에 떼를 쓰는 것을 뜻하죠.

shoot the moon(달을 쏘다)도 있어요. 이것도 실제로 가능할 리 없죠. 그래서 '높은 목표에 도전하다'라는 의미가 됩니다. 누군가에게 "힘내라!"라며 격려할 때에 "Shoot the moon!"이라 말하기도 합니다.

천둥 상자

thunder box

〈재치 가득한 표현〉 장은 thunder box로 마무리하겠습니다. thunder 는 천둥, box는 상자죠. 따라서 thunderbox는 천둥처럼 우렁찬 소리를 내는 '스테레오라디오'를 의미합니다. thunderbox radio라고도 하는데, 뜻이 더 잘 와닿습니다.

그런데 thunderbox에는 또 다른 재미있는 의미가 있어요. 바로 '화 장실'인데요. 그 이유는 조금만 상상해보면 알 수 있을 겁니다. 우리 일상생활과 밀접한 재치 넘치는 표현이 아닐까요?

무서운 표현

Frightening Phrases

목 없는 닭

run around like a headless chicken

영어에는 소름이 끼칠 정도로 무서운 표현도 많아요. 그 또한 영어다운 표현이지만 끔찍한 내용이 많으니 마음이 약한 분은 이번 장을 건너뛰기 바랍니다.

run around like a headless chicken(목 없는 닭처럼 뛰어다닌다)라는 표현이 있습니다. like 뒤에 a chicken with its head cut off(목이 잘려나간 닭)를 쓰기도 합니다. 후자가 더 구체적인 만큼 충격도 큰데 이해하기는 더 쉬울 거예요. 목이 잘린 닭이 뛰어다니듯 '당황해서 허둥지둥하다'라는 뜻입니다.

오래된 표현으로 pay through the nose라는 관용구가 있어요. '터무니없는 금액을 마지못해 지불하다'라는 의미죠. 이 표현이 탄생한 경위가 너무나도 잔혹합니다. 9세기 아일랜드에서는 세금을 내지 않는 자에게 온몸의 털이 곤두설 정도로 무서운, 코를 찢는 형벌을 내렸던 사실에서 유래했습니다. 그렇게 끔찍한 짓을 당할 바에야 세금을 내는 편이 나으니 하는 수 없이 돈을 냈다고 합니다.

tear one limb from limb 같은 살벌한 관용구도 있습니다. tear는 '찢다', limb는 '팔다리'를 의미하니 팔다리에서 팔다리를 찢어내다, 다시 말해 '사지를 찢다'라는 뜻입니다. 실제로는 누군가를 격렬하게 공격하는 경우에 씁니다.

stab one in the back도 있습니다. stab는 '찌르다', '쑤시다'라는 뜻이니 문자 그대로 해석하자면 누군가의 등을 찌른다는 말인데, 보통은 '중상모략하다', '배신하다', '뒤통수를 치다'를 의미합니다.

cut one's own throat 역시 언뜻 보기에도 무시무시한 표현이죠. '자신의 목을 베다', '자살하다' 또는 '자멸을 초래하다'라는 의미입니다. He cut his own throat by cheating on an exam(그는 시험 때 커닝을 했다가 자멸을 초래했다)과 같이 쓸 수 있습니다.

그 외에도 harm oneself(자기 자신에게 상처를 입히다)나 shoot oneself in the foot(자기 발을 쏘다)도 '스스로 망가뜨리다', '엉망으로 만들다'라는 뜻이죠.

ax(e)는 도끼를 가리키지만 앞서 언급했듯이 '해고(하다)'라는 의미도 있습니다. give someone the ax라는 관용구 역시 '해고하다'라는 뜻으로, '퇴학시키다', '(연인 등을) 떨쳐내다'라는 의미도 있습니다. 예를 들어 She gave him the ax라고 하면 '그녀는 그를 찼다'라는 뜻이에요.

ax를 사용한 또 다른 표현으로 have an ax to grind가 있습니다. grind란 '연마하다'라는 뜻의 동사이므로, 언젠가 쓰기 위해 (아무도 모르게) 도끼를 간다는 찜찜하고 섬뜩한 뉘앙스가 느껴지지요. 여기에는 '숨은 꿍꿍이가 있다', '(누군가에게) 원한을 품고 있다'라는 의미가 있는데, I suspect he has an ax to grind는 '나는 그가 속에 칼을 품고 있다고 의심한다'로 해석할 수 있습니다.

양동이를 걷어차다　kick the bucket

'죽다'라는 의미로 kick the bucket(양동이를 차다)이라는 구어적 표현이 자주 쓰입니다. 자살하려는 사람이 뒤집어놓은 양동이 위에 서서 밧줄에 목을 맨 후 양동이를 걷어차는 모습에서 유래한 말이죠. kick the bucket은 사형私刑이나 사형死刑의 방법이기도 했습니다. 이 경우에는 사형 집행인이 양동이를 걷어찼겠죠.

또 한 가지, 과거에 돼지를 도살했던 방법과 연관된 표현이라는 설이 있습니다. 돼지의 목을 베어서 빈사 상태로 만든 후, 뒷다리를 네모난 나무틀에 묶습니다. 이 나무틀은 도르래에 연결되어 있어서 돼지의 몸은 나무틀과 함께 드르륵드르륵 위로 올라갑니다. 그 모습이 우물에서 물을 퍼 올릴 때 쓰는 양동이를 연상시킨다 하여 이 나무틀을 bucket이라 불렀죠. 그리고 마지막 일격을 가하면 돼지는 bucket을 걷어차며 마구 날뛰다가 숨이 끊어졌다고 합니다.

kick the bucket을 자주 쓰는 미국인 친구가 있는데, 저는 그 표현이 너무 끔찍하니 pass away처럼 다른 표현을 써달라고 매번 부탁하곤 했어요.

빨간 손으로

제가 처음으로 영어란 정말 무서운 말이구나 싶어 놀랐던 것은 red-handed라는 표현을 배웠을 때였습니다.

red-handed(빨간 손으로)는 놀랍게도 '현행범으로'라는 의미입니다. The police caught him red-handed(경찰관은 그를 현행범으로 체포했다)라는 식으로 쓸 수 있죠. 이 표현을 보면 살인이나 상해를 저질러 손이 피로 빨갛게 물든 모습이 떠오릅니다. 실제로 '현행범'은 법률용어지만 이 단어를 쓰면 법을 전혀 몰라도 쉽게 그 의미를 이해할 수 있지요.

그러다 문득 이 말이 살인이나 상해 등 사람이 상하는 상황에서만 사용되는지 궁금해졌어요. 여기저기 찾아본 결과, 도난이나 강도, 마약 소지, 밀수, 뇌물 수수 등의 범죄에도 red-handed가 '현행범으로'라는 의미로 쓰인다는 사실을 알아냈죠. 즉, 살인이나 상해를 저질러 손이 피로 빨갛게 물들지 않았더라도 '현행범으로'를 뜻합니다.

The guards caught the thief red-handed(경비원이 도둑을 현행범으로 붙잡았다), The man was caught red-handed smuggling drugs(남자는 마약 밀매 현행범으로 체포되었다)와 같이 활용할 수 있습니다.

벽장 안의 해골

skeleton in the closet

skeleton in the closet(벽장 안의 해골)이라는 표현도 무시무시합니다. 어쩐지 앨프리드 히치콕Alfred Hitchcock(1899~1980년)의 영화 〈사이코 Psycho〉가 떠오르는데요. 이 말은 '남에게 절대 들키고 싶지 않은 개인이나 가정의 비밀'을 가리킵니다.

이 표현의 출처에는 두 가지 설이 있습니다. 첫째는 아무런 걱정도 불만도 없이 행복하게 지내는 줄 알았는데 알고 보니 남편의 강요에 못 이겨 아내가 벽장 속 해골에 밤마다 키스를 하고 있었다는 이야기에서 유래했다는 설입니다.

둘째는 《잠자는 숲속의 공주》나 《장화 신은 고양이》를 지은 샤를 페로Charles Perrault(1628~1703년)의 《푸른 수염》이라는 작품이 기원이라는 설입니다. 이 동화에는 푸른 수염을 기른 부유한 남자가 나옵니다. 여섯 번(혹은 그 이상)이나 결혼했지만 아내들은 모두 행방불명이 되었죠. 그러다 푸른 수염은 어느 아가씨와 일곱 번째 결혼을 합니다. 결혼하고 얼마 후, 한동안 자리를 비우게 된 푸른 수염은 '이 방에는 절대 들어가지 말라'는 말을 남기고 여행을 떠납니다. 궁금증을 이기지 못한 아내가 그 방의 문을 열자 끔찍하게 살해된 전처 여섯 명의 시체가 있었다는 내용이죠.

Every family has a skeleton in the closet(어느 가정이나 남에게는 알리고 싶지 않은 비밀이 있다)과 같이 쓸 수 있습니다.

몸에 난 구멍에 달빛이… | let moonlight into a person

이 표현을 몰랐다면 정신을 바짝 차리길 바랍니다. 바로 I need ⋯ like I need a hole in the head라는 관용구입니다. 이 표현을 처음 듣고 저는 상당한 충격을 받았는데요. a hole in the head는 총을 맞아 머리(얼굴)에 뚫린 구멍을 가리킵니다.

이 표현을 글자 그대로 해석하면 '내 머리에 (총에 맞아 뚫린) 구멍이 필요하듯이 내게는 ~가 필요하다'입니다. 이는 사실 반어법적 표현으로, '~'에는 절대 필요치 않은 것 혹은 자신이 가장 싫어하는 대상이 들어갑니다. 따라서 두 번의 need는 don't need를 의미하는 셈이죠.

예를 들어 I need more work like I need a hole in the head는 '내 머리에 (총에 맞아 뚫린) 구멍이 필요하지 않듯이, 내게 더 이상의 업무는 필요하지 않다'라고 해석할 수 있습니다. 즉, 제발 좀 봐달라는 뜻이죠.

이어서 무척이나 우아한 공포 표현을 소개할게요. moonlight(달빛)는 꽤 낭만적인 단어죠. 베토벤Ludwig van Beethoven(1770~1827년)의 피아노 소나타 제14번 〈Moonlight Sonata(월광 소나타)〉는 새삼 설명할 필요도 없을 테고, 글렌 밀러Glenn Miller(1904~1944년) 악단에는 〈Moonlight Serenade(문라이트 세레나데)〉라는 멋진 명곡이 있습니다. 어디 음악뿐일까요. moonlight and roses라는 관용구는 낭만적이고 감성적인 분위기를 의미합니다.

그런데 moonlight를 사용한 뜻밖의 표현도 있습니다. 바로 let moonlight into a person입니다. 놀랍게도 '사람 배에 바람구멍을 내다'라는 뜻이에요. 그 이유를 바로 알아차렸나요? 총에 맞아 몸에 뚫린

ㅋ구멍을 통과해 달빛이 비치는 모습에서 생겨난 관용구입니다.

앞서 소개한 I need … like I need a hole in the head도 끔찍한 표현이지만 낭만적인 단어인 moonlight를 써서 이토록 무시무시한 말을 만들어내다니, 영어의 세계는 참으로 심오하고도 재미있습니다.

동물 표현

Animal Phrases

까마귀를 먹는 굴욕

eat crow

crow(까마귀)는 친숙한 새라서 그런지 다양한 영어 표현에 나옵니다. as the crow flies는 '직선거리로'라는 뜻이에요. '까마귀가 날듯이 일직선으로'라는 의미죠. My house is about 15miles from the station as the crow flies(내 집은 역에서 직선거리로 15마일 떨어진 곳에 있다)라는 식으로 씁니다.

진 해크먼Gene Hackman과 알 파치노Al Pacino가 주연을 맡은 〈Scarecrow (허수아비)〉라는 영화가 있습니다. scarecrow는 글자를 나눠보면 까마귀를 겁준다는 뜻이지만 허수아비, 공갈, 초라한 사람을 의미합니다. 《오즈의 마법사The Wizard of Oz》에 등장하는 '허수아비'의 이름 역시 Scarecrow였어요.

eat crow(까마귀를 먹는다)라는 기분 나쁜 구어적 표현도 있습니다. '자신의 죄를 인정하고 굴욕을 달게 받는다'라는 뜻입니다.

19세기 초, 영미전쟁 당시 실제로 있었던 이야기입니다. 휴전 기간 중에 사냥을 나간 미국인 병사가 실수로 영국군의 진영을 침범해 그곳에서 까마귀 한 마리를 잡았습니다. 근처에 있던 영국인 장교가 총소리를 듣고 달려왔죠. 그는 미국인 병사의 사격 솜씨를 칭찬하고는 친근하게 "잠깐 총 좀 보여주게"라고 말했습니다. 미국인 병사가 그를 믿고 총을 건네자 영국인 장교의 태도가 돌변했어요. 총부리를 들이밀며 "그 까마귀 고기를 먹어"라고 강요한 거죠. 미국인 병사는 처음에는 싫다고 했지만 어쩔 수 없이 까마귀 고기를 먹어야 했습니다. 이후 영국인 장교가 미국인 병사에게 총을 돌려주자 형세는 또다시 역전되었어요.

이번에는 미국인 병사가 총을 겨누며 영국인 장교에게 남은 까마귀 고기를 먹으라고 협박했거든요.

이튿날, 영국인 장교가 미국 측에 항의하면서 미국인 병사는 상관으로부터 취조를 받았고 사실을 인정했습니다. 그 덕분에 이 사건이 빠짐없이 기록에 남아 eat crow라는 표현이 지금까지 전해지게 되었어요.

eat crow에 관한 또 다른 이야기도 있어요. 1948년 미국 대통령 선거에서 해리 트루먼Harry Truman(1884~1972년)과 토머스 듀이Thomas Dewey(1902~1971년)가 경합하고 있었습니다. 모든 언론사가 듀이의 승리를 예측했지만 예상을 깨고 트루먼이 승리를 거뒀어요. 〈워싱턴포스트Washington Post〉가 트루먼에게 전보를 보냈는데, "You are hereby invited to a 'Crow banquet'(당신을 '까마귀의 축하연'으로 초대합니다)"라는 말이 적혀 있었죠. 전보는 '파티에는 저희 신문사를 비롯한 다른 신문사의 기자, 정치 평론가, 여론조사 제작자, 라디오 해설가도 초대했습니다'라고 마무리되었습니다. 트루먼이 패배할 것으로 예상한 사람들을 모아 까마귀 고기를 먹이겠다, 즉 '실수를 인정하고 굴욕을 맛보게 하겠다'는 농담이었습니다.

작은 새가 알려준 소문　　A little bird told me that

소문은 영어로 rumor입니다. '소문에 따르면 ~라고 한다'는 The rumor is that …의 형태로 표현할 수 있어요. 예를 들어 The rumor is that he fell in love with her(소문에 따르면 그는 그녀에게 반했다고 한다)처럼 사용할 수 있죠.

같은 뜻으로 '작은 새'를 써서 A little bird told me that …이라고 표현할 수도 있습니다. '풍문에 따르면'이 영어로는 '작은 새가 알려주기를'이 되는 셈이죠.

미국에서 11월 넷째 주 목요일은 Thanksgiving Day(추수감사절)입니다. 17세기 유럽에서 아메리카 신대륙으로 건너온 청교도들이 이주 후 처음으로 거둔 수확물을 두고 신에게 감사를 올린 일에서 시작된 경축일인데요. 당시 아메리카 대륙에 널리 서식하던 turkey(칠면조)를 구워서 먹었는데, 지금까지도 추수감사절이면 칠면조 고기를 먹는 풍습이 있습니다.

그 때문인지 영어에는 turkey를 사용한 표현이 많아요. 미국에서는 say turkey라고 하면 '살갑게 말하다', '애교 있게 말하다'라는 뜻이고, walk turkey는 '거들먹거리며 걷다', '으스대며 걷다', '과시하듯이 걷다'를 의미합니다.

유명한 표현으로는 talk turkey가 있습니다. 어느 날 백인과 미국 원주민이 사냥감을 평등하게 나누기로 약속하고 사냥을 나갔습니다. 까마귀 세 마리와 칠면조 두 마리를 잡았는데, 백인이 먼저 "A crow for you, a turkey for me"라고 말하며 까마귀를 원주민에게 건네고 칠면조를 자신의 자루에 넣었죠. 이어서 다시 까마귀를 원주민에게 건네고 칠면조는 자신이 가졌어요. 그러자 원주민이 "I will talk turkey(칠면조에 대해 얘기하고 싶다)"라고 말했어요.* 이 일화에서 비롯되어 talk turkey가 업무에 대해 '솔직하게 말하다', '현실적으로 토론하다'라는 의미로 쓰이면서 지금까지 비즈니스 세계에서 통용되고 있습니다.

또 한 가지, 볼링에서 세 번 연속으로 스트라이크를 친 경우를 turkey(터키)라고 하는데요. 이는 과거 볼링장에서 상품으로 칠면조 고기를 내걸었던 사실에서 유래한 말입니다.

오리처럼 수그리다　　duck down

새와 관련된 영어 표현은 무척 많지만 duck(오리)과 관련해 아직까지도 잊히지 않는 생생한 기억이 있습니다. 동사로 duck은 '획 수그리다', '머리를 쑥 집어넣다'라는 의미입니다. 흔히 duck down이라는 관용구로 쓰는데요. 오리가 물고기 따위의 먹이를 먹을 때 물속으로 머리를 쑥 집어넣는 모습이 연상되지요.

미국 북부의 시카고에는 the Loop(루프)라고 불리는 비즈니스의 중심 지역이 있어요. 이곳을 에워싸듯 고가철도가 늘어서 있는데, 샌프란시스코의 케이블카 정도는 아니지만 관광객에게도 인기가 많은 교통 시설입니다.

NBA에서 시카고 불스Chicago Bulls가 전성기를 누릴 때였으니 제법 오래된 일이네요. 제가 그 고가철도에 타고 있는데 길거리를 달리던 모든 차가 일제히 경적을 울리기 시작했어요. 시카고 불스가 NBA 결승전에서 우승했기 때문이었죠. 사방팔방에서 들려오는 시끌벅적한 소리는 좀처럼 잦아들 줄 몰랐어요.

바로 그때, 차장의 안내 방송이 들려왔습니다. "Duck down! Duck down! 서 계신 분은 고개를 숙여주세요! 몸을 수그리세요! 누가 철길 옆에서 총을 난사하고 있습니다!"

제가 다행히 duck down의 뜻을 알아서 그 지시에 따랐으니 망정이지, 만약 몰랐다면 총에 맞아 죽었을지도 모른다…고 하면 약간은 호들갑이겠지만, 영어를 아느냐 모르느냐에 따라 생사가 갈릴 수도 있음을 그때 강렬하게 체감했습니다.

전전긍긍하며 목적지인 역에서 내렸는데 다행히 총소리는 들리지 않았습니다. 다만 변함없이 경적을 울리는 차들이 끊임없이 오갔죠. 그 중에는 빨간불을 무시하고 달리는 차도 있었어요. 시야가 충분히 확보되는 좌우 6차선의 넓은 도로였기에 교차로에서도 안전을 확인한 후 신호 위반을 했겠지만 사고가 날 가능성도 있었죠.

'지역 팀인 시카고 불스의 우승을 환영하는 마음은 이해하겠지만 아무리 그래도 너무 민폐가 아닌가' 하고 생각하는데, 머릿속에서 영어 관용구 하나가 떠올랐습니다. 바로 bull in a china shop이었어요. '민폐를 끼치는 난폭자', '부주의한 사람'이라는 뜻입니다. bull(수소)이 china shop(도자기 가게)에 침입해 그릇을 마구 깨뜨리는 모습이 연상되는 표현이죠.

Chicago Bulls의 연고지, 그야말로 성가신 bull이 도자기 가게가 아닌 '시카고 길거리'에서 날뛰고 있었죠. bull이 '거세하지 않은 채 자란 수소'이기 때문에 그렇게 난폭했던 건지도 모르겠습니다.

1년을 7년처럼

a dog's age

인간과 가장 친밀한 동물이라면 단연 개가 아닐까요. 영어로도 man's best friend라고 불리며 애완견, 경비견, 사냥개 등 다양한 역할을 맡으며 인간과 함께하고 있지요. 개와 관련된 영어 표현을 살피면서 이제껏 이어져온 인간과 개의 관계 그리고 인간이 개를 어떻게 생각해왔는지를 알 수 있었습니다.

개는 누가 뭐래도 인간에게 충직한 동물이죠. 형용사로 doglike는 '개처럼 충직한'이라는 의미입니다. 또한 '긴 세월'을 미국에서는 a dog's age라고 하는데 I haven't seen you in a dog's age는 '정말 오랜만이다'라는 뜻입니다. 종류에 따라 다르지만 개는 인간보다 약 일곱 배 빠르게 나이를 먹는다고 해요. 인간의 1년이 개에게는 7년에 해당하는 거죠.

어느 사전에서 dog's age 항목을 펼쳐보니 '오랫동안. cf. donkey's ears'라는 해설이 붙어 있었어요. donkey's ears(당나귀의 귀)라는 표현 역시 오랜 시간이라는 의미였습니다. 당나귀의 귀는 길죠. donkey's ears가 발음이 유사한 donkey's years를 연상시키기 때문에 긴 세월이라는 의미로 변했다고 하는데, 거의 '아재 개그' 수준인 듯합니다.

다시 dog 이야기로 돌아가, dog year(도그이어)라는 IT 용어가 있습니다. 앞서 언급했듯 개의 시간이 인간의 시간보다 일곱 배 빠르다는 사실에서 유래해, 인터넷 분야의 비즈니스나 기술이 기존의 사업 활동에 비해 놀라울 정도로 빨리 발전하는 현상을 가리키는 말로 쓰입니다.

비참한 개죽음   die like a dog

개와 관련된 영어 표현에는 부정적인 뉘앙스도 많습니다. 우리도 누군가를 경멸하거나 혐오할 때 '개'를 사용하곤 하죠. '저 녀석은 권력의 개로 전락했다'라는 식으로 말이죠. 영어에서도 녀석이나 새끼처럼 사람을 낮잡아 부를 때 '개'를 씁니다.

형용사와 결합된 lazy dog(게으른 녀석)이나 selfish dog(이기적인 녀석)은 문자 그대로 해석하면 되니 이해하기 쉬운데, underdog(약자)처럼 의미가 바로 와닿지 않는 말도 있어요. 또한 dead dog은 문자 그대로 해석하면 '죽은 개'이지요. '도움이 되지 않는 녀석'이라는 뜻입니다. die like a dog은 '비참하게 죽다', '아무런 도움도 되지 못한 채 죽다'라는 의미로, 우리도 흔히 아는 '개죽음을 당하다'라고 할 수 있어요.

dog을 사용한 부정적인 표현은 셀 수 없이 많습니다. lead a dog's life(고난이 많은 인생을 살다), go to the dogs(엉망이 되다, 파멸하다), in the doghouse(면목을 잃어, 인심을 잃어) 등이 있습니다. dog-eat-dog은 같은 개끼리 서로 잡아먹는 모습을 그리니, 골육상쟁, 동료가 서로 물어뜯는 다툼을 의미합니다. 또 동사 dog에는 '미행하다'라는 부정적인 의미가 있어요. '문제나 불운이 괴롭히다'라는 뜻도 있어요. She had been dogged by ill health all her life(그녀는 평생 동안 건강이 안 좋아서 고생했다)처럼 쓸 수 있어요.

hair of the dog(개의 털)이라는 희한한 표현도 있습니다. 광견병 치료법에서 유래했어요. 민간요법 혹은 미신 같은 방법인데 광견병에 걸린 개에게 물렸을 때 그 개의 털을 태워서 상처 부위에 얹으면 낫는다는 말이 있습니다. 해석하자면 '독으로 독을 다스린다'가 되겠네요.

　hair of the dog에는 놀랍게도 해장술이라는 의미도 있습니다. 술을 마시고 숙취가 생겼으니 술로 숙취를 다스린다는 뜻인데요. 대낮부터 술을 마실 때 I need the hair of the dog for my hangover(숙취에는 해장술이 필요해)라고 변명처럼 이 표현을 쓰기도 합니다.

견원지간

언젠가 영국인에게 '비가 억수같이 쏟아진다'라는 의미로 It's raining cats and dogs라고 말했더니, 어떻게 그런 굉장한 표현을 알고 있느냐며 놀라워했습니다. "rain cats and dogs는 수험생이라면 누구나 아는 유명한 표현이야"라고 설명했더니 "영어 교육 수준이 정말 대단하네"라며 혀를 내두르더군요.

개와 고양이가 난장판을 벌이며 싸우는 모습에서 '엄청난 소리를 내며 비가 쏟아진다'는 의미가 생겨났으리라 짐작했는데, 곧이어 그가 한 말에 놀라움을 넘어 감동마저 느꼈습니다. "이 표현은 북유럽 신화에서 유래했어. 과거 북유럽에서는 고양이에게는 비를 내리는, 개에게는 바람을 일으키는 힘이 있다고 믿었거든."

그렇지만 역시나 개와 고양이가 뒤죽박죽으로 싸우는 모습에서 유래한 말이라고 보는 편이 더 자연스럽지 않을까요. cat과 dog을 사용한 표현으로 fight like cats and dogs가 있습니다. '만날 싸운다'라는 의미로, 견원지간犬猿之間을 가리킵니다. 사자성어의 개와 원숭이가 영어로는 개와 고양이인 셈이죠.

개처럼 나른한

as sick as a dog

사람이나 사물의 성격이나 상태를 이해하기 쉽도록 동물의 성질에 빗대 묘사하곤 합니다. as strong as a lion(사자처럼 강하다), as hungry as a bear(곰처럼 배고프다), as gentle as a lamb(어린 양처럼 얌전하다) 등이 그 예인데요. 그렇다면 개를 활용한 표현에는 어떤 게 있을까요? 흔히 접할 수 있는 표현으로 as sick as a dog(개처럼 몸이 안 좋다)이라는 관용구가 있습니다. '컨디션이 나쁘다', '의기소침하다'라는 뜻입니다. 듣고 보니 '개' 하면 나른하게 뒹굴뒹굴하는 모습이 제일 먼저 떠오르네요.

그리스철학에는 cynicism(시니시즘)이라는 말이 있습니다. 냉소주의라고도 하는데, 시류나 사회의 통념을 무시하고 세상의 흐름에 직접 관여하지 않은 채 먼발치에서 바라보며 비웃는, 오불관언吾不關焉(어떤 일에 끼어들지 않고 모른 체함-옮긴이)의 사상입니다. 이 철학의 일파를 Cynics(키니코스 학파)라고 하는데, 개처럼 길바닥에서 지내며 나무통 안에서 살았다고 전해지는 디오게네스Diogenēs가 대표적인 키니코스 학파 철학자입니다.

cynicism(시니시즘)은 프랑스어의 chien(시앵=개)과 어원이 같은데, 번역할 때도 '개 견犬'에 '유교 유儒'를 써서 견유주의犬儒主義라고 합니다. 개가 길바닥에 드러누워 아무것도 하지 않듯이 이 학파의 철학자들 역시 어떠한 행동도 취하지 않았어요. 그래서 'cynicism(견유주의)'이라는 이름이 붙은 거죠.

개를 무릎에 올리고　put on the dog

비틀스의 초기 히트곡 중에 〈A Hard Day's Night〉라는 노래가 있습니다. 이 노래에는 "It's been a hard day's night(무척이나 고된 하루가 끝나고 밤이 찾아왔어) / And I've been working like a dog(개처럼 힘들게 일했지) / I should be sleeping like a log(통나무처럼 자고 싶어)"라는 가사가 나옵니다. '통나무처럼 자다(sleeping like a log)'는 '개처럼 일하다(working like a dog)'와 각운을 이루고 있는데, 고대 그리스에서 벌렁 드러누워 지내던 개와는 하늘과 땅 차이네요.

비틀스가 태어난 영국은 목양牧羊의 나라로 양을 쫓아 뛰어다니며 주인이 원하는 방향으로 양떼를 모는 것이 sheepdog(목양견)의 임무였죠. 영국에서 개는 일하는 동물이었으니까요.

개는 지금까지 인간에게 여러모로 도움이 되어왔어요. 애완견을 자식처럼 애지중지하며 심적으로 의지하는 사람도 많습니다. dog이 들어가는 영어 표현 중에서 좀 더 긍정적인 말을 찾아본 결과, 미국의 구어 표현인 put on the dog이 있었습니다. '허세를 부리며 우아하게 행동하다'라는 뜻이에요.

지금은 이렇게 생각하는 사람이 거의 없겠지만, 과거 자신을 시골뜨기라고 생각했던 미국인은 우아하게 보이기 위해 유럽 부자의 행동이나 관습을 흉내 내곤 했어요. 그 방법 중 하나가 작은 개를 길러서 무릎에 올려두는 것이었죠. She is putting on the dog은 '그녀는 허세를 부리며 우아하게 행동하고 있다'라는 뜻입니다.

더 맛 좋은 소

> beef up

소에는 다양한 종류가 있습니다. cow가 가장 널리 알려져 있지만, 엄밀히 말하자면 cow는 암컷 젖소를 가리키죠. 소를 집합적으로 말할 때는 cattle이라고 하며, 거세하지 않은 다 큰 수소는 bull이라고 합니다. 거세한 수소는 bullock, 암컷 송아지는 heifer, 일반적인 송아지는 calf라고 부릅니다. 그리고 calf의 고기를 veal이라고 하는데, 저도 해외에서는 veal을 자주 먹습니다. 일본인 친구와 함께 레스토랑에 갔는데 술을 마시지 못하는 제가 veal을 주문하자 친구는 "어? 술 못 마시지 않았어?"라고 물었어요. 맥주는 영어로 beer죠. 저는 '비어'가 아니라 '빌'을 주문했지만 v와 b를 구분하기는 어려운 일이죠.

보통 소고기는 beef라고 합니다. beef를 동사로 사용한 **beef up**은 '강화하다', '보강하다'라는 뜻입니다. This country beefed up its defenses(이 나라는 국방력을 강화했다)라는 식으로 종종 국제 뉴스에서도 들을 수 있어요. 소에게 사료를 잔뜩 먹여 살을 찌워서 맛있는 고기를 얻는다는 말에서 '강화하다'로 의미가 확장된 결과입니다.

소를 뜻하는 말로는 ox도 있어요. 거세된 식용 수소를 가리키는데, 물소나 들소 등도 포함한 소의 총칭이기도 합니다. 복수형은 oxen이에요. 여기서 세대가 나뉠 텐데, 과거 일본의 그룹사운드 중에 〈백조의 눈물スワンのなみだ〉을 비롯해 많은 히트곡을 남긴 Ox라는 그룹이 있었어요.

한번은 Ox가 무대에서 〈Tell Me〉라는 노래를 부를 때 보컬이자 오르간 연주자였던 아카마쓰 아이赤松愛가 무대 위에서 실신하고 말았습니다. 그러자 공연장에 모인 팬들도 덩달아 줄줄이 정신을 잃고 실려 나가 사회적으로 큰 문제가 되었죠. 이 그룹명에 대해서 저는 Tigers나 Spiders가 복수형인 것처럼 Oxen이 맞지 않느냐며 어린 나이에도 친구와 열띤 토론을 펼쳤어요.

또 다른 일본의 그룹 Pink Lady 역시 여성 듀오이니 Pink Ladies가 맞지 않느냐고 주장했지만, 이는 원래 Pink Lady라는 칵테일에서 따온 이름이라서 단수인 Lady도 상관없다는 말에 고개를 끄덕였던 기억이 납니다.

소의 시장과 곰의 시장

bull market / bear market

다시 소 이야기로 돌아가, 야구장에서 대기 투수가 투구 연습을 하는 장소를 bullpen이라고 합니다. pen이란 가축 등을 넣어두는 '우리'를 뜻해요. 예전에는 뒤늦게 야구장을 찾은 관객은 밧줄로 둘러싸인 우리 같은 입석 구역으로 들어가게 했는데, 이곳을 bullpen(소의 우리)이라고 불렀어요. 이후에 bullpen이 구원투수가 어깨를 풀기 위한 장소로 변한 거죠.

역시 bull에는 '강하다'라는 이미지가 있어요. 금융·경제 용어로 강세장, 상승장을 bull market이라고 합니다. 이는 소가 뿔로 들이받아 싸우는 모습에서 유래했어요.

이와 반대로 약세장, 하락장은 bear market입니다. 곰 역시 무척이나 강하고 용맹한 동물인데, 왜 '약세'일까요? 경제의 움직임을 나타내는 그래프를 보면 급격하게 하락하는 모습을 보일 때가 있는데, 이를 곰이 앞발을 내리치는 모습에 빗댄 거예요. 주식시장이 약세인 경우를 bearish라고 하는데, 이 또한 bear에서 유래한 형용사입니다.

참고로 경기 침체, 불황을 뜻하는 sluggish market, sluggish economy 라는 표현이 있습니다. slug란 민달팽이를 가리켜요. 민달팽이는 움직임이 굼뜨기 때문에 sluggish는 '태만한', '게으른'이라는 뜻입니다.

마찬가지로 움직임이 굼뜬 동물로 snail(달팽이)이 있죠. 저는 business mail을 쓸 때 종종 이 snail을 사용합니다. 우편을 부친다고 말할 때 mail을 썼다간 상대방이 이메일로 착각할지도 모릅니다. 요즘에는 업무와 관련된 소통도 거의 이메일로 하니까요. 그럴 때는 I will snail mail you라고 하면 '아하, 이메일이 아니라 우편을 보낸다는 말이구나' 하고 알아들을 거예요. 최근에는 snail mail 대신 smail이나 s-mail이라는 표현을 쓰기도 합니다. 당연히 그 의미는 email과 반대예요.

말의 입에서 직접 나온 정보

> straight from
> the horse's mouth

경제 뉴스를 보던 중 아나운서가 "Straight from the horse's mouth …(말의 입에서 직접~)"라고 말하는 걸 들었습니다. 어쩌다 말horse이 경제 뉴스에 등장한 걸까 싶어서 알아보니 '확실한 관계자의 정보에 따르면', '소식통으로부터 전해진 정보에 따르면'이라는 의미였어요. 정보원(출처)은 밝힐 수 없지만 이 사실을 가까이에서 정확히 접한 사람에게서 얻은 정보라는 뜻으로, 뉴스에서 빈번하게 사용되는 관용구입니다.

방송국이나 신문사, 통신사는 중요 사건에 관한 확실한 정보를 애타게 원하지만 만약 누가 그 이야기를 털어놓았는지를 밝혔다간 아무도 취재에 응하려 하지 않겠죠. 기자에게 솔직하게 말할 사람도 없어질 거예요. 이처럼 뉴스는 정보원과 취재 기자의 신뢰 관계 속에서 작성되고 방송됩니다. 재판 등에서 정보원을 밝히라는 요청을 할 때도 있지만, 요청하곤 하지만 결코 밝혀서는 안 된다는 것이 언론사의 엄격한 규칙이에요.

그런데 어떻게 straight from the horse's mouth가 '확실한 관계자의 정보에 따르면'이라는 의미를 갖게 된 걸까요? 과거에 말을 사고팔 때는 판매자가 조금이라도 비싸게 팔기 위해 말의 나이를 적게 부르곤 했습니다. 하지만 노련한 구매자는 직접 말을 보고 입을 벌린 후 아래턱에 난 치아를 확인했어요. 그러면 말의 나이는 물론이고 건강 상태까지 정확하게 알 수 있었다는 데서 유래한 표현입니다.

추측컨대 경마 정보가 '말의 입에서 나왔다'는 표현에서 유래하지는 않았을까 하는 생각도 듭니다. 시합에 나오는 말의 컨디션을 외부로 누설한 관계자가 "글쎄, 그건 말이 알려준 게 아닐까?" 하고 얼버무리는 경우가 아주 없지는 않았을 테니까요.

한편 look a gift horse in the mouth라는 표현이 있습니다. '선물에 트집을 잡다'라는 뜻인데요. 이 또한 선물로 받은 말의 치아를 보고 나이나 건강 상태를 확인했던 데서 유래했습니다. 이왕 선물을 받았으면 가치 따위 따지지 말고 기분 좋게 넘어가면 될 텐데 말이죠.

전혀 다른 말의 색깔 | horse of a different color

horse of a different color(다른 색의 말) 역시 말을 매매하는 과정에서 생긴 표현으로, 태어났을 때와 사고파는 시점의 말 색깔이 서로 다른 데서 나온 표현입니다. 이는 어리고 깔끔하며 건강하게 보이기 위해 판매자가 말을 염색했다는 뜻이므로 '전혀 다른 것'을 가리킵니다. 예를 들어 Writing a script is not that hard, but publishing it is a horse of a different color(원고를 쓰는 건 그렇게 어렵지 않지만 책을 출판한다는 건 전혀 다른 이야기다)와 같이 사용할 수 있습니다.

put the cart before the horse(말 앞에 마차를 놓다)는 '일의 순서를 뒤바꿔놓다', '주객이 전도되다'를 의미합니다. 보수적인 사람이라면 You are putting the cart before the horse. You should marry first and then have a baby(순서가 뒤죽박죽이야. 결혼부터 하고 아기를 낳아야지)라는 식으로 말할 수도 있을 거예요.

또 '순서가 반대다'라는 뜻으로 lock the stable door after the horse has gone(말이 도망친 후에 마구간 문을 잠그다)이 있습니다. gone 대신 bolted(튀어나왔다)를 쓰기도 해요. '소 잃고 외양간 고친다'라는 의미로도 자주 쓰입니다.

stable은 마구간이라는 뜻이지만 형용사로는 '안정된'이라는 뜻이니 주의하세요. 참고로 외양간은 cowshed입니다. 헛간이나 창고는 shed, 자전거 보관소는 bicycle shed라고 합니다. 돼지우리는 sty나 pigpen이에요. pen은 '가축 따위를 넣어두는 작은 우리'를 가리키는데, 앞서 설명한 bullpen에서도 살펴봤지요.

강 중간에서 말 바꿔 타기   change horses in midstream

midstream은 '강물의 중간', swap은 '바꾸다', '교환하다'라는 뜻으로, change horses in midstream 혹은 swap horses while crossing a stream(강 중간에서 말을 갈아타다)이란 '도중에 갑자기 방침을 바꾸다'라는 뜻입니다. 1864년에 미국의 제16대 대통령인 에이브러햄 링컨 Abraham Lincoln(1809~1865년)이 연설 중에 한 말에서 유래했습니다. 당시 링컨은 공화당 내의 대통령 후보 경선에서 승리했지만 당 내부에도 남북전쟁에 대한 링컨의 정책에 불만을 품은 이가 적지 않았습니다. 이러한 상황에서 링컨은 "It was not best to swap horses while crossing the river(강을 건너는 도중에 말을 갈아타는 것은 최선이 아니다)"라고 말하며 일치단결해 민주당 대통령 후보와 싸우기를 촉구했어요.

hold one's horses는 '고삐를 당겨서 말을 진정시키다'라는 말로, '조급한 마음을 가라앉히다'라는 의미입니다. 초조해하지 말라고 할 때는 상대방에게 "Hold your horses!"라고 할 수 있어요.

말을 타면 머리의 위치가 상당히 높아지죠. 어쩐지 세상을 내려다보는 듯한 기분이 들어 잘난 사람이 된 듯한 착각이 드는데요. 그런 탓인지 get on one's high horse(높은 말에 타다)는 '오만한 태도를 취하다', '거들먹대다'를 의미합니다. 반대말은 get off one's high horse(높은 말에서 내려오다)로 '겸허해지다', '오만한 태도를 고치다'라는 뜻이에요.

2012년에 개봉한 스티븐 스필버그 Steven Spielberg의 〈워 호스 Warhorse〉라는 영화가 있습니다. warhorse는 전쟁에서 사용되는 군마軍馬를 뜻하는데, 사람에게 쓸 때는 군대에서는 고참병, 역전의 용사이고 스포츠 선수라면 베테랑을 가리킵니다. 나이 들어서도 여전히 왕성하게 활약하는 사람이죠.

warhorse에는 또 다른 뜻도 있습니다. 음악이나 텔레비전 프로그램, 영화, 연극 가운데 '(너무 자주 되풀이되어) 진부한 작품'을 의미해요. 하지만 결코 재미없고 지루하다는 뜻은 아닙니다. 예를 들어 셰익스피어 William Shakespeare(1564~1616년)의 〈로미오와 줄리엣〉처럼 수없이 리메이크되는 작품을 가리키죠. 설령 모두가 아는 내용이라 할지라도 새로운 각본, 감독, 배우로 계속 제작되는 이유는 그만큼 재미있기 때문이에요.

흰 코끼리는 무용지물 (white elephant

지금까지 새, 개, 소, 말 등 동물과 관련된 표현을 소개했는데 이번엔 좀 더 커다란 동물에 관한 표현을 알아보겠습니다.

먼저 코끼리입니다. see the elephant(코끼리를 보다)는 '장엄한 체험을 하다'라는 뜻이에요. 저는 코끼리라면 동물원에서밖에 못 봤지만 야생 코끼리를 눈앞에서 보면 결코 잊을 수 없을 거예요. 이 표현은 '뼈저린 교훈을 얻다', '세상의 혹독함을 깨닫다', '인생 경험을 하다'라는 의미로, 특히 신병이 처음 전쟁터에 나갔을 때처럼 엄청난 경험을 했을 때 씁니다.

a memory like an elephant 역시 코끼리의 특징을 잘 표현한 말이에요. '코끼리처럼 무척 뛰어난 기억력'을 뜻합니다. 코끼리는 60년 넘게 산다고 알려져 있어요. 가뭄이 들면 젊은 코끼리로만 이루어진 무리는 모두가 죽고 말았지만 늙은 코끼리가 포함된 무리는 그 코끼리가 아득히 멀리 떨어진 물웅덩이를 기억하고 있어서 살아남는다는 등 다양한 이야기가 전해져요. 또 서커스단에서 자란 코끼리가 어렸을 때 자신을 호되게 괴롭힌 사람을 기억해뒀다가 다 큰 후에 앙갚음을 한 일이 있다고도 하죠. 그래서인지 오스트레일리아의 알츠하이머 협회는 언제까지나 기억력을 유지할 수 있기를 바라는 마음으로 코끼리를 상징으로 삼았다고 합니다.

white elephant라는 표현도 있어요. 흰 코끼리는 '값비싸지만 성가신 물건'을 뜻합니다. 지금의 태국이 시암_{Siam}이라 불리던 시절, 왕이 마음이 들지 않는 신하가 있으면 흰 코끼리를 하사하고는 쫓아냈다는 이야기에서 유래했습니다. 흰 코끼리가 이른바 위로금이구나 싶겠지만 실은 그렇지 않았죠. 흰 코끼리는 신성한 동물이라 정성껏 모셔야만 했

* 일본의 1980년대~1990년대 초, 실제 가치보다 자산 가격이 부풀려진 경제 상황을 말합니다.

고, 돌보는 데에도 무척이나 큰돈이 들어서 소유자는 파산하고 말았거든요.

또 다른 설에 따르면 야생의 흰 코끼리는 눈에 잘 띄어 적이나 사냥꾼의 표적이 되기 마련이었어요. 그 탓에 천수를 누리기 어려웠고 동료에게도 폐를 끼쳤죠. 그래서 '무용지물'이라는 의미로도 쓰여요. 예를 들어 The vacation house has turned out to be a white elephant는 '별장이 무용지물임을 깨달았다'라는 뜻이에요. 버블 경제* 시절에 호기롭게 별장을 샀는데 중고 별장 시세가 엄청나게 떨어져서 이제 팔고 싶어도 팔지 못하는 사람, 분명 있겠지요.

고래의 시간

a whale of a time

고래를 사용한 표현으로는 a whale of a time이 있습니다. '놀라운 시간'을 의미해요. 확실히 고래를 본다는 건 놀랍고도 감동적인 일이죠. 따라서 I had a whale of a time이라고 하면 '나는 놀라운 시간을 보냈다'라는 뜻입니다.

미국 산티아고에서 whale-watching boat를 탄 적이 있는데요, 고래를 못 보면 환불해준다는 내용의 서류를 받고 배에 올랐어요. 그런데 바다로 나서자마자 느닷없이 "Three o'clock!"이라는 안내가 나왔어요. 3시 방향에 고래가 보인다는 말이었죠.

너무 멀어서 비디오카메라의 줌 렌즈를 최대한 확대해 눈에 담고 영상으로도 남기려고 했어요. "Ten o'clock!", "Seven o'clock!" 하고 안내 방송이 흘러나올 때마다 카메라를 돌렸지만 먼 바다에서 희미하게 하얀 물보라가 피어오르더니 이어서 검은 꼬리만 슬쩍 보일 뿐이었죠. 그러는 사이에 배 멀미가 심해져서 촬영을 포기할 수밖에 없었고요. 배에서 내리고 한동안은 기분이 언짢았어요. 고작 이게 나의 a whale of a time이라니, 놀랍기는커녕 최악의 시간이었으니까요. 이 체험 탓인지 a whale of a time이라는 관용구를 볼 때마다 지금도 심사가 불편해집니다.

나중에 들은 이야기지만 고래로부터 50미터 이상 떨어져서 배를 몰아야 한다는 규정이 있다고 해요. 하지만 고래가 먼저 눈치껏 보트로 다가와주는 건 괜찮다고 합니다. 고래가 배로 다가와 물보라를 뿜어 올리는 영상을 본 적이 있는데 예외적인 일인 모양이에요.

익살스러운 골칫덩이

make a monkey of

monkey라는 단어를 보면 저는 저명한 번역가이자 전직 도쿄대학교 교수인 시바타 모토유키柴田元幸가 편집, 발행한 《monkey business》라는 문예잡지가 가장 먼저 떠올라요. 직역하면 '원숭이의 일'인데, 사기나 속임수를 의미해요.

'원숭이도 이해하는~'이라는 제목의 책이 수없이 발행된 바 있습니다. 영어에서는 이를 뭐라고 표현할까 싶어서 여기저기 뒤져보니 겐큐샤研究社의 《신 영일대사전新英和大辞典》에서는 '원숭이도 이해하는 경제학'을 'Economics even a mug can understand'라고 소개하고 있었어요. mug는 맥주를 마실 때 쓰는 손잡이가 달린 큰 컵을 가리키지만 얼간이, 쉽게 속아 넘어가는 녀석이라는 의미도 있습니다.

If you pay peanuts, you get monkeys라는 표현이 있는데, peanuts란 아주 적은 금액, 푼돈이라는 뜻이에요. 경영자가 '쥐꼬리만 한 월급밖에 줄 수 없다면 고용할 수 있는 건 원숭이뿐이다'라는 의미로, 친숙한 말 중에 '싼 게 비지떡'과 통합니다.

monkey with는 '개찬하다(뜻을 달리하기 위해 글 따위의 일부를 의도적으로 수정함-옮긴이)'를 의미해요. 또한 원숭이는 익살을 부리는 동물이기도 하므로 누군가를 '웃음거리로 만들다', '바보취급하다'라는 뜻으로 make a monkey (out) of를 씁니다. make a fool of와 같은 의미예요.

영국 영어에는 brass-monkey weather(놋쇠 원숭이의 날씨)라는 표현이 있는데, 엄청나게 추운 날씨를 가리킵니다. cold enough to freeze the balls off a brass monkey(너무 추우면 놋쇠로 만들어진 원숭이 고환도

얼어붙어 떨어진다)라는 외설적인 표현에서 유래했습니다.

하지만 또 다른 설도 있어요. 신항로를 개척하던 15~16세기 당시, 배에는 다른 국적의 선박이나 해적과의 전투를 대비해 대포가 실려 있었어요. 그 옆에는 곧바로 장전할 수 있도록 수많은 cannonball(포탄)이 거치대에 놓여 있었죠. 거치대 끝에는 놋쇠로 만든 두 줄의 레일이 있는데, 이는 배가 흔들리더라도 포탄이 떨어지지 않게 막기 위한 장치였어요. 이 거치대를 brass monkey라고 불렀죠. 쾌청한 날씨에는 전혀 문제가 없겠으나 풍랑에 배가 크게 기우뚱거리거나 추워서 놋쇠 레일이 수축되기라도 했다간 brass monkey에서 포탄이 쏟아졌죠. 이것을 cold enough to freeze the balls off a brass monkey의 유래로 보기도 합니다. '얼어붙을 정도로 추워서 거치대가 수축되어 포탄이 떨어진다'는 말인데요. 하지만 잘 생각해보면 아무리 추위가 심해도 놋쇠가 그리 쉽게 수축될까요?

monkey는 마약을 가리키기도 합니다. have a monkey on one's back(등에 원숭이가 있다)은 '골치 아픈 일이 생겼다', '일이 귀찮아지다'라는 의미지만 주로 속어로 '마약에 중독되다'라는 뜻으로 씁니다. get the monkey off(원숭이를 내려주다)는 '마약을 끊다'라는 뜻이에요.

그 외에도 원숭이에는 '성가신 존재'라는 뉘앙스가 있는데, 미국 속어 중에 monkey on the house(집 안의 원숭이)는 주택 담보 대출을 의미해요. 특히 monkey with a long tail(꼬리가 긴 원숭이)은 변제 기간이 한참 남은 대출을 가리킵니다.

원숭이의 결혼식

monkey wedding

원숭이와 날씨에 관련해 앞서 brass-monkey weather(엄청난 추위)라는 저속한 표현을 소개했죠. 또 한 가지를 이야기하자면 남아프리카에서 사용되는 monkey wedding(원숭이의 결혼식)도 있습니다. 맑을 때 내리는 비, 다시 말해 '여우비'를 가리키는 말이에요.

일본에도 '여우의 혼례狐の嫁入り'라는 말이 있는데, 보통은 밤에 산과 들에 출몰하는 불가사의한 불덩이를 뜻합니다. 이를 여우가 시집갈 때 길을 비추는 등불이라 생각했기에 생겨난 말이에요. '여우불'이라고도 불리는 이 현상은 사실 인화수소가 자연적으로 발화하는 현상입니다.

그런데 사실 여우의 혼례는 원래 맑은 하늘에 비가 내리는 날씨를 가리키는 말이었어요. 그렇다면 monkey wedding과 같은 말인 거죠. 그래서 맑다가도 뜬금없이 비가 내리는 날을 가리켜 '여우가 시집가는 날'이라 부르기도 합니다.

인체 표현

Body Phrases

내장과 근성

내장은 보통 영어로 internal organ이라고 하지만 구어적 표현으로 guts(거트)라는 단어를 씁니다. 바이올린이나 테니스 라켓에 사용된 줄을 거트현이라고 하는 것 들어봤나요? 기타 중에도 거트기타가 있어요. 본래 동물의 창자로 바이올린 현을 만들었던 사실에서 유래했어요. 좀 더 자세히 설명하자면 척추동물의 창자에는 소화액을 내뿜는 관 형태의 '장선'이라는 분비선이 있는데, 이것으로 현을 만들었죠.

hate someone's guts(누군가의 내장을 혐오하다)는 '남을 몹시 싫어하다'라는 뜻입니다. '중이 미우면 가사도 밉다'라는 속담이 있는데, 누군가가 미우면 그 사람의 소지품까지 싫어진다는 뜻이에요.

그 외에 gut에는 근성, 용기라는 의미도 있어요. '그는 근성이 있다'라는 표현을 영어로 바꾸면 he has guts인데, he has the guts to take that risk는 '그에게는 위험을 무릅쓸 용기가 있다'라는 뜻입니다. 또한 gut에는 본능이라는 의미도 있어서 직관을 gut feeling이라고 말하기도 합니다. 두뇌를 써서 논리적으로 생각하는 것이 아니라 자신의 속(내장)에서 느끼는 감각을 가리키죠.

참고로 '가쓰* 포즈'라는 말은 전형적인 일본식 영어예요. 과거 일본의 복서 가쓰 이시마쓰ガッツ石松가 세계 챔피언에 올랐을 때 링 위에서 '나는 강하다'라는 듯 주먹을 쥐고 두 팔을 치켜올렸는데 그때부터 그 자세를 가쓰 포즈라고 부르기 시작했습니다. '가쓰 포즈를 취하다'를 굳이 영어로 표현하자면 raise his fists in triumph 정도가 될 거예요. fist는 주먹을 의미하니 직역하자면

* guts의 일본식 발음이 '가쓰'입니다.

111

'승리를 거두고 두 주먹을 치켜들다'라는 뜻이에요. 아니면 thrust his fists in the air(주먹을 허공으로 내지르다)라고 표현해도 됩니다.

팔다리의 값어치

cost an arm and a leg

인체란 사람에게 매우 중요하죠. 그래서 cost an arm and a leg(팔다리 정도의 값어치가 있다)란 '엄청나게 비싸다', '터무니없는 거금이 들다'를 뜻해요. 예를 들어 College tuition cost me an arm and a leg(대학 수업료는 무척 비싸다)와 같이 사용할 수 있습니다.

의미가 비슷한 표현으로 give one's right arm to …(오른팔을 희생해서라도 ~하겠다)가 있어요. '~하기 위해서라면 큰 희생도 불사하겠다'라는 뜻이죠. 대부분이 오른손잡이이므로 소중한 오른손을 희생해서라도 뭔가를 이뤄내겠다는 강한 바람을 드러내는 표현입니다.

out on a limb은 '위험한 상황에서'를 의미해요. go out on a limb은 '위험을 무릅쓰다'이므로 I don't want to go out on a limb은 '나는 위험한 짓은 하고 싶지 않다'라는 뜻입니다. tear one limb from limb이 '사지를 찢다', 다시 말해 '누군가를 거세게 공격하다'라는 뜻이니 저는 out on a limb의 limb 역시 팔다리를 가리킨다고 생각했어요. 자기 팔다리가 닿는 범위에서 일을 진행한다면 문제가 없겠지만 그 범위를 벗어나면 스스로 처리할 수 없는 곤란하고도 위험한 일이 벌어질지 모른다고 이해했죠. 하지만 여기서의 limb은 팔다리가 아니라 '나뭇가지'였어요. 나무에 올랐을 때 그 나무에서 뻗은 가지 밖으로 벗어났다가는 밑으로 떨어질 테니 위험하다는 뜻이죠.

하지만 risk life and limb에서의 limb은 팔다리를 의미해요. 문자 그대로 '목숨이나 팔다리를 걸어야 할 정도로 위험한 짓을 하다', '커다란 위험을 무릅쓰다'라는 의미예요.

손을 빌려주다   lend a hand

hand(손)가 들어간 영어 표현은 무척 많습니다. 예를 들어 마작이나 화투를 하면서 '오늘은 운이 없군. 패가 영 나빠'라는 식으로 한탄할 때가 있죠? 패를 영어로는 hand라고 해요. I was guessing he had a good hand는 '나는 그가 좋은 패를 들고 있으리라 추측했다'로 해석할 수 있습니다. 또한 자신의 속셈 역시 hand로, I don't trust Bill. I never show him my hand(빌은 믿을 수 없어. 나는 결코 그에게 속내를 드러내지 않겠어)처럼 활용할 수 있어요.

hand가 들어가는 말 중에 secondhand를 살펴볼까요? 영어로는 '중고의', '오래된'이라는 의미의 형용사로, secondhand clothes(헌옷)나 secondhand book(헌책)과 같이 씁니다.

secondhand를 직역하면 '제2의 손'이지만 '간접적인'이라는 의미도 있어서 secondhand smoke는 간접흡연, 혹은 비흡연자가 들이마시게 되는 타인의 담배 연기를 가리킵니다. 최근에는 간접흡연의 피해를 부르짖는 목소리가 높아지고 있죠.

우리는 남을 도와줄 때 '손을 빌려주다'라고 하는데, 영어로도 lend a hand 혹은 give one a hand라고 표현합니다. 그리고 have clean hands(깨끗한 손을 가지다)는 '범죄나 부도덕한 짓을 하지 않다', '청렴결백하다'를 의미해요. get one's hands dirty(손을 더럽히다)는 '위법 행위를 저지르다', '품위를 손상시키는 짓을 하다'라는 뜻인데, 정반대로 올바른 행위에도 쓰여요. 손이 더러워지는 것도 개의치 않고 열심히 일한다는 뜻으로 말이죠.

보통 더 이상 악행을 저지르지 않기로 다짐하 거나 어떠한 세계에서 빠져나올 때 '손을 씻었다'라

* 진짜로 '손을 씻다'나 '화장실에 가다'라는 의미도 있습니다.

고 하죠. 영어로 바꾸면 wash one's hands*입니다. 따라서 He washed his hands of politics and became a professor는 '그는 정치에서 손을 떼고 교수가 되었다'입니다.

또한 일이 너무 많아서 바쁠 때 보통 '손이 열 개라도 모자라다'라 고 하는데, 영어로는 have one's hands full(손이 꽉 차 있다)이에요. I have my hands full with the new project now(나는 지금 새 프로젝트 때 문에 손이 열 개라도 모자라다)라는 식으로 쓸 수 있어요. My hands are full(내 두 손은 꽉 차 있다) 역시 '나는 손이 열 개라도 모자란 상황이다' 라는 뜻이에요.

free hand(프리핸드)는 최근 '자유 재량권'이라는 의미로 알려진 말인 데, 반대로 tie someone's hands(두 손을 속박하다)는 '행동을 규제하다', '자유를 박탈하다'라는 뜻입니다. The new rule tied their hands(새로운 규정이 그들의 자유를 빼앗았다)라는 식으로 사용할 수 있어요. 그리고 누 군가를 제어할 수 없는 상황을 가리키는 out of control은 out of hand 와 같은 말입니다.

우리에게 친숙한 hand in hand(손에 손 잡고)는 많은 사람에게 협력 이나 연대를 촉구할 때 쓰는 구호입니다. offhand는 비즈니스 현장에서 자주 쓰이는 표현이죠. '그 자리에서', '준비 없이'라는 의미예요.

이처럼 hand와 관련된 관용구는 무척 많습니다. 신체에서 손이 가 장 자주 사용되기 때문이 아닐까요.

초록색 엄지손가락

이제 finger(손가락)에 관한 표현을 알아보겠습니다. 보통은 한 손에 다섯 개의 손가락이 있다고 생각하죠. 그렇지만 영어적인 발상으로 보면 특별한 상황을 제외하면 손가락은 네 개예요. 하나의 thumb(엄지)과 네 개의 finger로 엄지는 손가락에 포함시키지 않는 거죠.

thumb과 관련한 다양한 표현이 있지만 먼저 green thumb(초록색 엄지)을 소개하겠습니다. have a green thumb(초록색 엄지를 가지다)은 식물을 잘 키우는 사람, 원예에 소질이 있는 사람이라는 뜻이에요. 항상 초록색 식물을 접하다 보니 엄지가 초록색으로 물들었다는, 살짝 과장된 표현이죠.

all thumb이라는 친숙한 표현도 있어요. '서투른'이라는 의미로, 보통은 형용사 clumsy를 사용하지만 구어적 표현으로 I'm all thumb(나는 재주가 없다)이라고 쓰기도 해요. 확실히 손가락이 몽땅 엄지처럼 짧고 굵다면 섬세한 작업은 할 수 없겠죠.

덴마크의 동화작가 안데르센Hans Christian Andersen(1805~1875년)의 작품《엄지공주》를 아나요? 영어 제목은《Thumbelina》죠. thumb은 엄지고, belina는 친근감을 담아 여성을 부를 때 사용하는 호칭입니다. 따라서 Thumbelina는 '엄지 양' 정도가 되지 않을까요.

thumbs up / thumbs down이라는 표현도 흥미롭습니다. 고대 로마의 원형경기장에서는 검투사들의 격투가 벌어졌지요. 패배한 쪽은 죽임을 당하는데, 패자가 졌지만 용감하게 잘 싸웠다고 여겨지면 관객은 인정의 뜻으로 네 개의 손가락을 접고 엄지를 세웠습니다. 그러면 목숨을 건질 수 있었어요. 반대로 엄지를 아래로 향하면 죽임을 당했죠. 따라서 thumb up은 승인, thumb down은 부결을 뜻하게 되었습니다. 영화나 연극 등이 호평을 받았을 때에는 thumbs up, 혹평을 받았을 때에는 thumbs down을 사용합니다. 이 표현은 비즈니스 현장에서도 자주 사용되는데 예를 들어 This project plan got the thumbs up은 '이 프로젝트 계획은 승인되었다'라는 의미입니다. 반대로 Our proposal got the thumbs down은 '우리의 제안은 부결되었다'라는 뜻이죠. 물론 앞서 검투사 이야기에서도 언급한 것처럼 turn/put one's thumb up(엄지를 위로 향하다)은 '승인하다', '찬성하다', turn/put one's thumb down(엄지를 아래로 향하다)는 '거부하다', '반대하다'라는 의미입니다.

히치하이크를 할 때는 엄지를 위로 들어서 운전수에게 보여주죠. 이는 전 세계에서 통용되는 신호입니다. 그래서 thumb a ride라고 하면 '히치하이크를 하다'라는 뜻이에요. 이때는 자신이 가고 싶은 방향으로 엄지를 향해야 한다는 규칙이 있습니다.

중지의 추억

검지는 영어로 forefinger 혹은 index finger라고 합니다. index는 라틴어 *indicare*에서 유래한 단어로 point out(가리키다)을 의미하죠. 일본에서는 검지를 사람을 가리키는 손가락이라 하여 '히토사시유비 人指し指'라고 하는데, 똑같은 발상이라 할 수 있습니다.

중지는 middle finger죠. 중지에 대해서 정말이지 지우고픈 기억이 있어요. 그 일은 뉴욕으로 향하는 비행기 안에서 벌어졌습니다. 이륙하고 수평 비행으로 접어들면 승무원들이 손을 닦을 수 있는 뜨거운 물수건을 나눠 줍니다. 요즘은 소독용 물티슈를 주지만 예전에는 뜨거운 수건을 줬어요. 수건을 쓰고 돌려줄 때, 여러분은 어떻게 건네주나요? 저는 언제나 '상대방의 입장에서 생각하고 행동하자'가 원칙이라서 막대기처럼 돌돌 말아서 건네주곤 했어요. 그래야 승무원이 받기도 편하니까요. 그런데 수건 앞쪽을 쥐자 끄트머리, 다시 말해 승무원이 받아야 할 부분이 축 처지더라고요. 이래서야 상대방이 제대로 받을 수 없을 것 같아서 돌돌 만 수건 앞쪽을 쥐고 검지로 받쳐서 건네주려고 했어요. 그런데 검지가 짧다 보니 도무지 안정감이 없었죠. 안 되겠다 싶어 수건을 중지로 받친 후 나머지 손가락으로 끄트머리를 잡아서 건넸는데, 여성 승무원이 수건을 받아들자 네 손가락이 접힌 상태에서 중지만 툭 튀어나온 꼴이 되고 말았어요. 다들 아시겠지만 중지를 세우면 무척이나 외설적인 몸짓이 되지요. 결코 남 앞에서 해선 안 될 동작이었어요. 승무원은 화가 난 기색이 역력했죠.

그 이후부터 정말이지 난감했습니다. 음료나 식사를 제공할 때마다 저는 순서에서 빠졌어요. '무엇을 마시겠느냐'라든지 'beef와 chicken 중 무엇으로 하시겠느냐'라고 물어봐주지도 않았어요. 완전히 무시를 당했죠. 저만 쏙 빼놓고 다음 사람에게 식사를 건네기에 "I didn't receive the meal!"이라고 말했죠. 그제야 눈치챈 척 매번 한 발 늦게 식사를 건네주더라고요.

몇 차례 그런 일이 되풀이됐어요. 그래도 사람은 학습하는 동물이잖아요. 그 승무원이 옆자리 승객에게 "Beef or chicken?"하고 물어본 순간, 저도 동시에 "Chicken!"하고 대답하자 하는 수 없다는 투로 식사를 내주었어요. 이 얼마나 유치한 일인지요.

승무원이 수건을 편하게 건네받게 한답시고 베푼 배려가 황당한 오해를 불러오고 말았던 거죠. 저에겐 끔찍한 '중지의 추억'이 되었어요. 이후로 그 항공회사의 비행기는 두 번 다시 이용하지 않았습니다.

결혼반지는 약지에

약지는 ring finger나 wedding finger라고 부릅니다. 결혼반지를 끼우는 손가락이기 때문이죠. 보통은 왼쪽 약지에 끼웁니다. 심장이 왼쪽에 있으니 평생 사랑하겠다는 마음의 상징인 결혼반지 역시 심장과 가까운 왼쪽 약지에 끼우는 거죠. 또한 왼손 약지에서 심장에 걸쳐 매우 섬세한 신경이 지나고 있다거나, '사랑의 혈관'이라 불리는 혈관이 지나기 때문이라는 설도 있어요.

하지만 프랑스나 독일 등의 유럽에서는 wedding ring을 왼손이 아닌 오른손 약지에 끼운다는 사실을 알고 있나요? 일본의 소설가 엔도 슈사쿠遠藤周作(1923~1996년)가 프랑스를 무대로 쓴 소설을 보면 결혼반지를 오른손 약지에 끼운다는 묘사가 나옵니다. 독일인과 결혼한 미국인에게 이 사실을 확인해보니 "맞아. 그래서 나는 독일에 갈 때 비행기 안에서 반지를 왼손에서 오른손 약지로 바꿔 끼워"라고 하더군요. 의외로 많은 사람이 모르는 사실이에요.

마지막으로 새끼손가락은 little finger입니다. 스코틀랜드나 미국, 캐나다에서는 구어 표현으로 pinkie 혹은 little pinkie라고 부르기도 합니다. 새끼손가락을 가리키는 네덜란드어 *pink*에서 유래했습니다.

떨떠름한 긴 얼굴　　have a long face

　얼굴에 관한 표현도 재미있습니다. long face(턱이 길게 늘어진 얼굴)에는 '떨떠름한 얼굴', '언짢은 얼굴'이라는 의미가 있어요. 어째서 긴 얼굴이 떨떠름한 얼굴을 뜻하게 되었는지, 알듯 말듯 미묘합니다. have a long face는 '떨떠름한 표정을 짓다'라는 뜻입니다.

　face도 hand와 마찬가지로 우리가 흔히 사용하는 말과 비슷한 표현에 많이 쓰여요. lose face(얼굴을 잃다)는 '면목이 없다', '체면을 구기다'라는 뜻인데, 반대로 save face(얼굴을 지키다)는 '체면을 지키다'라는 뜻이에요.

　또한 우리는 흔히 '저 사람은 앞과 뒤가 다르다'라거나 '양면성이 있다'라는 뜻으로 '두 얼굴이 있다'라고 표현하죠. 영어로 two-faced라고 하는데, '위선적인'이라는 의미도 있어요.

　참고로 '위선적인'은 hypocritical이라고 표현하기도 합니다. 위선자는 hypocrite, 위선은 hypocrisy입니다. 이는 본래 그리스어로 '계산된 행위'를 의미하는데요. 흔히 고대 그리스의 의사 히포크라테스Hippocrates에서 나온 말이라고 전해지지만, 실제로는 그리스어로 '연기'를 뜻하는 *hypokrisis*나 '배우'를 뜻하는 *hypokrites*에서 유래했다고 합니다.

　두 얼굴과 관련해, 로마 신화에 Janus(야누스)라는 두 얼굴을 가진 신이 등장하죠. 한 얼굴은 앞쪽을 향하고 다른 얼굴은 뒤쪽를 향하고 있는 쌍면신双面神인데, 만사의 시작과 끝을 관장한다고 알려져 있습니다. 얼굴이 앞과 뒤를 향하고 있기 때문에 시간적으로 과거를 돌아보고 훗날을 생각하는 것을 상징하기도 해요. 1년 중에서 과거와 장래를 차분하게 생각해볼 때라면 역시 정월이죠. January(1월)라는 단어는 쌍면신 Janus(야누스)에서 유래했습니다.

심장을 먹다

eat one's heart out

아시다시피 heart에는 심장과 마음이라는 의미가 있습니다. from the bottom of my heart(마음속으로부터)는 '진심으로'라는 뜻입니다. I appreciate your concern from the bottom of my heart(걱정해주셔서 진심으로 감사합니다)처럼 쓸 수 있죠.

at heart는 '마음은', '마음속으로는'이라는 뜻으로, I am young at heart(나는 마음만은 젊다)와 같이 활용할 수도 있어요. 물론 '겉모습은 늙었지만…'이라는 뉘앙스가 들어 있습니다.

'암기하다'는 보통 memorize를 쓰지만 heart가 들어간 learn … by heart(~를 암기하다), know … by heart(~를 암기하고 있다)라는 표현도 있습니다. 참고로 '암송하다'는 recite인데, say by heart라고 쓰기도 합니다.

흔히 긴장하거나 떨릴 때 심장이 튀어나올 것 같다고 하는데, 영어에서는 '무척 걱정스럽다', '두렵다'라는 의미로 my heart is in my mouth 혹은 have my heart in my mouth라고 합니다. 두려움이나 걱정 때문에 '심장이 입까지 올라왔다'라고 표현하는 거죠. 예를 들어 My heart was in my mouth as I watched the plane rapidly descending(비행기가 급강하하는 모습을 보고 무척 무서웠다)과 같이 쓸 수 있습니다.

또한 우리는 흔히 놀랐을 때 '순간적으로 심장이 멎는 줄 알았다'고 말하는데, 영어에도 one's heart skips a beat라는 표현이 있습니다. skip은 '거르다', '건너뛰다'라는 뜻이죠. My heart skipped a beat when I heard the news(그 뉴스를 들었을 때, 심장이 순간적으로 박동을 멈췄다)

처럼 사용합니다.

언젠가 한 영국인에게서 "어렸을 때는 뭘 해보고 싶었어?"라는 질문을 받은 적이 있습니다. 제가 어렸을 때 일본은 무척이나 가난했어요. 동세대 사람이라면 '바나나는 장례식 날 아니면 꿈도 못 꿨어'라는 식으로 옛 이야기를 늘어놓곤 하죠. 그래서 "I wanted to eat bananas to my heart's content(바나나를 배불리 먹어보고 싶었어)"라고 대답했어요. '배부르게 먹다'는 가장 상식적인 eat as much as I want를 비롯해 eat until my stomach bursts(위장이 찢어질 때까지 먹다), eat my fill(한가득 먹다), have plenty of …(~를 충분히 먹다) 등 다양하게 표현할 수 있지만 당시 제게는 '마음껏'을 의미하는 to my heart's content가 가장 마음에 와닿았기 때문이죠. 뭔가를 원하는 만큼 해보고 싶다고 말할 때 무척이나 편리한 표현이니 꼭 기억해두길 바랍니다. I want to study English to my heart's content라고 한다면 '마음껏 영어를 공부하고 싶다'라는 뜻이에요.

eat one's heart out은 '슬퍼서 울적하다'와 '부러워하다'라는 두 가지 의미를 나타냅니다. My son is eating his heart out over his lost dog(아들은 개를 잃어버려서 시무룩해 있다)처럼 씁니다.

또한 명령형으로 Eat your heart out!은 '분하지?', '꼴좋다'라는 의미예요. 공연 중에 자주 들을 수 있는데 주로 무명 연예인이 톱스타를 향해 자신의 퍼포먼스가 얼마나 멋진지 보라며 자화자찬할 때 쓰입니다. 예를 들어 무명 가수가 "Eat your heart out, Michael Jackson!(보라고, 마이클 잭슨 빰치지?)" 하는 식으로 말해 관객을 웃기기도 합니다.

황금의 마음,
돌의 마음

> heart of gold /
> heart of stone

문자 그대로 heavy heart는 무거운 마음, light heart는 가벼운 마음을 의미합니다. I went home from the funeral with a heavy heart(나는 무거운 마음으로 장례식에서 집으로 돌아왔다)는 다시 말해 '무척이나 슬픈 기분이었다'라는 뜻이에요.

my sweet heart는 '나의 사랑스러운 사람'을 가리키는데, 이와 관련해 sweetheart deal 혹은 sweetheart contract라는 표현이 있습니다. 직역하면 '연인의 계약'이지만 계약 연애를 뜻하는 말은 아니에요. 노동조합 간부와 회사가 결탁해 회사 측에 후한 노동협약을 체결하는 경우를 가리킵니다. 담합을 뜻하기도 해요.

heart of gold(황금의 마음)라는 멋진 표현도 있어요. 배려할 줄 아는 상냥한 마음을 뜻해요. 닐 영Neil Young이 작사·작곡하고 노래한 〈Heart of gold〉라는 곡이 있어요. 1972년에 발표되어 전미 히트 차트 1위에 오른 유명한 노래죠. 멜로디를 들으면 누구나 '아하, 이 곡이구나' 하고 금세 알아차릴 거예요. 가사를 보면 miner(금을 캐는 광부)가 heart of gold(다정한 마음)를 찾아 여행을 떠난다는 내용이에요. 의미적으로 miner(광부)와 gold(금)를 연결한 거죠.

정반대의 표현으로는 heart of stone(돌의 마음)이 있습니다. 차가운 마음, 비정한 마음을 의미해요. 이는 구약성서 《에제키엘서Ezekiel》의 "I will remove your heart of stone and give you a heart of flesh(나는 너희들의 몸에서 돌처럼 굳은 마음을 없애고 살처럼 부드러운 마음을 주겠다)"라는 대목에서 유래했습니다.

heart에는 중심, 한가운데라는 의미도 있어요. 예를 들어 My office is in the heart of Tokyo(내 회사는 도쿄 중심에 있다)라고 쓸 수 있어요. 따라서 중심과 마음을 연결해서 표현할 수도 있는데, 가령 여행 상품 이름이 The Heart of Siberia라면 '시베리아 중심부를 방문한다'와 '시베리아의 진심을 느끼다'라는 두 가지 뉘앙스를 전달해요. 참으로 매력적인 여행이죠?

또한 heart에는 핵심이라는 의미도 있는데, the heart of the problem은 문제의 핵심을 뜻합니다. 이 사용법을 알았다면 이제 The detective got to the heart of the mystery(탐정은 수수께끼의 핵심에 도달했다)라는 문장도 이해할 수 있을 거예요.

입에 지퍼를 채우다

loudmouth는 큰 소리로 떠드는 사람을 가리킵니다. He is a loudmouth는 '그는 수다쟁이다', '(비밀을 못 지키는) 입이 가벼운 사람이다'라는 뜻이에요.

반대로 '잠자코 있다'는 keep one's mouth shut(입을 닫고 있다)이라고 표현합니다. 재미있는 점은 일상생활에서 입에 지퍼를 채우는 제스처를 우리도 자주 취하는데 영어에도 zip one's lips(입술에 지퍼를 채우다)라는 표현이 있다는 사실이에요. 또 실수로 괜한 소리를 하지 않게끔 '자신의 입술을 깨물다'라는 뜻으로 bite one's lip이라는 표현을 사용하기도 합니다. 혀를 깨물어서 말을 하지 않으려는 상황이라면 bite one's tongue라고 할 수 있어요.

마이동풍

fall on deaf ears

다소 과장된 표현이지만 '나는 당신이 하는 말을 집중해서 듣고 있어요'를 I am all ears(나는 온통 귀다)라고 표현하기도 합니다. 유사한 표현으로 I am all yours가 있는데, '나는 모두 당신 거예요', '당신이 하는 말이라면 뭐든 듣겠어요'라는 뜻이에요.

I am all ears와는 반대로 남의 말이 귀에 들어오지 않는 경우, 다시 말해 타인의 조언을 따르지 않는 경우를 가리켜 fall on deaf ears라고 합니다. 예를 들어 We've given our daughter lots of advice, but it's fallen on deaf ears는 '딸에게 이런저런 충고를 해봤지만 들은 체도 하지 않았다'라는 의미예요. 사자성어로는 마이동풍馬耳東風입니다.

기댈 수 있는 어깨

a shoulder to cry on

영국의 팝 듀오인 웸Wham!의 히트곡으로 〈Last Christmas〉가 있습니다. 크리스마스 시즌이면 거리에 울려 퍼지는 대표곡으로 손꼽히죠. 워낙 유명한 곡이라 가사를 아는 분도 많겠지만, 작년 크리스마스 다음 날에 자신을 떠나간 여자친구에 대한 미련을 노래한 곡이에요.

가사 중에 "I guess I was a shoulder to cry on"이라는 구절이 나옵니다. a shoulder to cry on은 '눈물이 날 때 기댈 수 있는 어깨'를 뜻해요. 가사에서는 '나는 고민을 털어놓을 수 있는 상대였지'라는 의미로 쓰였어요. 연인인 줄 알았는데 그저 상담 상대에 불과했다는 이야기로 흔한 경우죠. cry on someone's shoulder로 단어의 순서를 바꾸면 '누군가에게 아픔을 호소하며 울부짖다'라는 뜻이 됩니다.

shrug one's shoulder(어깨를 으쓱이다)는 흔히 외국인들이 자주하는 제스처인데, 고개를 갸우뚱 기울인 채 어깨를 움츠리고 두 손을 위로 올리다가 어깨쯤에서 멈추는 동작입니다. 이 동작은 포기하겠다는 의사를 드러냅니다.

give someone the cold shoulder에서 cold shoulder(차가운 어깨)는 사람의 어깨가 아니라 양의 어깨살을 가리킵니다. 영국에서는 손님을 환영할 때 고급 등심을 내놓는데 너무 오래 머물러서 그만 가줬으면 하는 사람에게는 가장 싸구려인 어깨살, 그것도 cold shoulder(차가운 어깨살)를 내놓는다는 풍습에서 유래한 표현입니다. '누군가를 차갑게 대접한다'라는 의미죠. 일본 교토에서는 손님이 빨리 돌아갔으면 할 때 현관 앞에 빗자루를 거꾸로 세워둔다고 해요.

허우적거리다 | up to one's neck

risk one's neck(목을 위험하게 하다)은 '목을 걸다', '위험을 무릅쓰다'를 의미합니다. 앞서 소개한 risk life and limb과 같은 뜻이죠.

stick one's neck out 역시 '커다란 위험을 무릅쓰다'라는 의미인데, <u>스스로</u>를 위험에 노출시킨다는 뉘앙스가 있습니다. 머리를 치기 좋게 받침대 위로 알아서 고개를 쭉 내민 닭의 모습에서 유래했다는 설 혹은 권투 선수가 가드를 내리고 고개를 내민 채 상대에게 다가가는 모습에서 유래했다는 설이 있어요.

up to one's neck은 '허우적거리느라 여유가 없다'라는 의미예요. 물이 목까지 차올라서 당장이라도 입과 코에 물이 들어갈 듯한 상황을 나타내는 표현입니다. 한 가지 일화가 떠오르는데, 일본어가 유창한 미국인과 오랜만에 만났을 때였어요. "잘 지내셨나요?"라는 미국인의 물음에 "어푸어푸하는 중이죠"라고 대답한 적이 있어요. 일본인만큼이나 일본어를 자연스럽게 구사하는 사람이니 당연히 알아들을 줄 알았는데 "네? 어푸어푸한다는 게 무슨 뜻인가요?"라고 묻더군요.

저는 "I am very, very busy with a lot of projects. I am like a drowning man. In Japanese, this situation is called 'up up'(일이 너무 많아서 무척 바빠요. 그런 상황을 일본어로는 물에 빠진 사람에 빗대서 '어푸어푸하다'라고 말해요)" 하고 장황하게 설명했죠.* 그는 "그랬군요. up, up 이라고 해서 힘이 펄펄 넘친다는 줄 알았어요"라더군요. 확실히 up에는 형용사로 '고조되어', '흥분해서'라는 의미가 있어요. 이때

* 어푸어푸는 일본어로 아푸아푸ぁぶあぶ인데, 일본에서는 영어 up up이 비슷하게 발음됩니다. - 옮긴이

130

up to my neck이라는 표현을 알았더라면 I am up to my neck in projects라고 간단하게 설명할 수 있었을 거예요.

pain in the neck(목의 고통)은 '싫은 것', '근심의 원인'이라는 뜻입니다. 우리에게 친숙한 말로 바꾸면 골칫거리, 눈엣가시쯤 되겠네요. neck and neck은 '대등하게', '막상막하로'라는 뜻으로, They were neck and neck in the debating contest(토론 대회에서 그들은 막상막하였다)처럼 쓸 수 있어요.

the neck of the bottle은 '가장 괴로울 때'라는 의미예요. 이 표현을 활용해서 Once we get out of the neck of the bottle, everything's going to go well(가장 괴로운 때만 넘기면 모든 게 잘 풀릴 거야)과 같이 누군가를 격려할 수 있습니다.

또한 neck에는 '장애'라는 뜻도 있는데, bottleneck(병목)이라는 단어에서 유래했어요. 병의 목은 잘록하죠. 도로 상황에서는 넓은 길이 갑자기 좁아져서 자동차가 집중되는 바람에 교통 체증이 발생하는 구역에 해당합니다. 이처럼 병목은 무엇인가를 진행하는 데 방해가 되는 존재, 즉 장애물이라는 뜻을 갖게 되었습니다.

코 하나 차이로 이기다

> win by a nose

nose(코) 역시 얼굴 한가운데에 자리한 탓인지 영어 표현에서 자주 등장합니다. have one's nose in the air(코가 허공에 있다)는 '잔뜩 콧대가 높아져서 주변 사람들을 깔보는 듯한 태도를 취하다'라는 의미입니다. look down one's nose at …(코앞에서 ~를 내려다보다)도 깔본다는 뜻이죠.

소나 말의 코에는 코뚜레를 꿰어두죠. 덩치 큰 동물을 자유자재로 움직이기 위한 장치입니다. 여기에서 lead … by the nose(~를 코로 이끌다)라는 표현이 생겼습니다. 자신이 원하는 대로 (타인을) 조종한다는 뜻입니다.

경마에서 '코 (하나) 차이로 이겼다'라는 말을 자주 쓰는데, 영어에서도 nose out(코 차이로 이기다)이라고 합니다. win by a nose 역시 같은 뜻이에요. 그보다도 근소한 차이로 이겼을 때는 win by a hair(머리카락 한 올 차이로 이기다)라고 합니다.

동사로는 nose는 '냄새를 맡다'라는 뜻으로, nose around(코로 냄새를 맡으며 돌아다니다)는 '수색하다'라는 뜻입니다. 형용사 nosy 혹은 nosey라는 단어를 아나요? '코를 들이밀다'라는 뜻으로, '오지랖이 넓은', '참견하기 좋아하는'이라는 의미예요. curious(호기심이 강하다)와 비슷한 뜻이지만 nosy에는 타인의 사생활처럼 불필요한 사실까지 알아내려 한다는 부정적인 뉘앙스가 있습니다.

자진해서 무슨 일에 끼어드는 것을 두고 흔히 '고개를 들이밀다'라고 하는데, 영어에서는 nose를 사용해 stick one's nose into …(괜한 오지랖을 부리다)라고 합니다. 또한 문제를 일으키지 않게끔 조심하는 모습을 keep one's nose clean(자신의 코를 깨끗하게 해두다)이라고 하는데 '수상쩍은 일에 관여하지 않는다', '끼어들지 않는다'라는 뜻입니다.

머리카락 한 올에
매달려서

hang by a hair

hair는 무척이나 가느다랗죠. 앞서 win by a hair(머리카락 한 올 차이로 이기다)라는 표현을 소개했듯이 a hair에는 '아주 약간'이나 '아슬아슬한'이라는 뜻이 있습니다. a hair's breadth는 머리카락 한 올의 너비로, by a hair's breadth는 '위기일발로', '아슬아슬하게'라는 뜻입니다.

영어의 교정기호 중에는 '#hr'이 있습니다. #은 space를 의미하며 hr은 hair를 줄인 거죠. 일본어에는 없는 교정기호로, word(낱말)가 아니라 letter(문자)와 letter의 간격이 너무 가깝게 보일 때 간격을 '머리카락 한 올만큼 띄라'는 의미예요.

hang by a hair(머리카락 한 올에 매달려 있다)는 '무척 불안정한 상황에 처해 있다'라는 뜻으로 쓰는 표현이에요. "임금님은 무척 행복하게 지내시는군요"라는 신하의 말에 왕이 그 신하를 왕좌에 앉힌 후 머리카락 한 올에 매단 칼을 머리 위에 두었다는 이야기가 있습니다. 왕위에는 언제나 엄청난 위험이 따른다는 사실을 나타낸 고사에서 유래한 표현입니다.

또한 not harm a hair on someone's head(머리카락 한 올도 다치게 하지 않다)라는 표현도 있습니다. '전혀 위해를 끼치지 않다'라는 뜻이에요. Don't let harm a hair on my son's head(내 아들의 털끝 하나라도 건드리지 마)처럼 쓸 수 있습니다.

일본에서 크게 히트한 영화 〈올웨이즈-3번가의 석양ALWAYS三丁目の夕日〉(2005년)에서 배우 요시오카 히데타카吉岡秀隆가 연기한 무명작가 차가와는 언제나 안절부절못하며 머리카락을 마구 헝클어뜨립니다.

그 모습은 tear one's hair out(머리카락을 쥐어뜯다)이라고 표현하면 되죠. '몹시 걱정하다', '슬퍼하다', '크게 분개하다'라는 의미도 있어서, Bob's tearing his hair out worrying about entrance exam(밥은 입시 때문에 걱정이 많다)처럼 활용할 수 있어요.

분위기도 바꿀 겸 hair와 관련된 재미있는 표현을 소개하겠습니다. let one's hair down에는 '긴장을 풀다'라는 뜻이 있어요. 여성이 집으로 돌아가 핀이나 리본 따위로 묶어놓은 머리카락을 푸는 모습에서 왔습니다.

아킬레스의 약점　　　Achilles tendon

인체에는 다양한 부위가 있고, 내장이나 뼈, 근육도 있습니다. 또한 각 부분에도 세세하게 이름이 붙어 있으니 언급하자면 끝이 없겠지만 몇 개만 소개해보겠습니다.

먼저 Achilles tendon(아킬레스건)인데요. tendon은 의학 용어로 '힘줄'을 뜻합니다. Achilles는 그리스 신화에 등장하는 영웅이자 호메로스Homeros의 서사시 《일리아스Ilias》의 주인공인 아킬레스를 가리킵니다. 일본의 제화 업체인 '아키레스アキレス' 역시 발이 빠르기로 유명했던 아킬레스에서 따온 이름이라고 하죠. 하지만 아킬레스에게도 약점이 있었어요. 바로 다리 뒤쪽의 장딴지부터 뒤꿈치에 걸친 부분이죠.

아킬레스가 태어났을 때, 아킬레스의 어머니는 그를 저승에 흐르는 스틱스강에 담갔어요. 그 강물에는 불사신으로 만들어주는 특별한 힘이 깃들어 있었기 때문이죠. 하지만 강에 담글 때 아킬레스의 발목을 붙들었던 탓에 그 부분만큼은 물에 젖지 않았어요. 결국 아킬레스는 수많은 군세를 거느리고 참전한 트로이 전쟁에서 발뒤꿈치 쪽에 활을 맞아 죽고 말았어요. 이것이 Achilles heel 또는 Achilles tendon의 유래입니다. tendon의 발음도 재미있어요. Achilles tendon이라는 말을 보면 자꾸만 만화 〈호빵맨アンパンマン〉에 등장하는 '새우 튀김덮밥맨'(일본어로 튀김덮밥을 '텐동'이라 한다-옮긴이)이 떠오르거든요!

살을 붙이다

> fresh up

flesh는 'fresh(신선한)'와 비슷해 보이지만 인간이나 동물의 '살'을 의미합니다. 그래서 meat(식육)이라는 의미로도, 인간 몸의 살, 근육이라는 의미로도 쓰이죠. 먹는 고기인 flesh와 관련해서는 flesh and bones(뼈에 붙은 살코기)라는 표현이 있고, fresh flesh는 '신선한 고기'라는 뜻의 언어유희입니다. '살찌다'를 의미하는 get fat, gain weight와 동일한 gain flesh라는 표현이 있어요. 반대로 lose flesh는 '야위다'를 의미해요. There is no flesh on him은 '그는 살이 없고 뼈와 가죽뿐이다'라는 뜻이에요.

성경에서는 사람을 육체와 정신으로 자주 나눠 표현하죠. 육체는 body, 정신은 mind지만 어쩐지 저는 the flesh, the spirit라는 표현이 더 와닿아요. 예를 들어 《마태복음》에는 The spirit is willing but the flesh is weak(영은 하고자 하나 육체는 연약하다)라는 문장이 나와요. '그러고 싶은 마음은 굴뚝같지만 몸이 따라주지 않는다'라는 의미로, 부탁을 거절할 때 변명으로도 사용되는 표현입니다. 성경에는 I am not with you in body, but with you in spirit(몸은 떨어져 있지만 마음은 당신과 함께하고 있습니다)라는 구절도 있어요.

flesh는 동사로도 사용됩니다. flesh up이나 flesh out은 '살을 붙이다'라는 뜻이죠. 인간이나 가축을 살찌운다는 뜻도 되지만, 예술가가 작품을 어느 정도 마무리한 후 세부적으로 손보는 것을 의미하기도 해요. The novelist fleshed out the story(소설가는 그 스토리에 살을 붙였다)처럼 말이에요.

몸 안의 티슈

'몸 안에 tissue(티슈)가 있다'는 말을 들으면 흠칫 놀라겠지만, 사실 tissue는 몸 안의 '조직'을 가리키기도 해요. 신경 조직은 nervous tissue, 뇌 조직은 brain tissue, 근육 조직은 muscular tissue입니다. 최근에 tissue engineering이라는 말이 종종 들리는데, 재생의학 혹은 재생의료를 가리킵니다. iPS세포(유도만능줄기세포)나 ES세포(배아줄기세포) 등 살아 있는 세포를 사용해 인공장기나 조직을 만들어내는 학문 분야를 뜻하죠.

물론 티슈페이퍼(휴지) 역시 tissue예요. 본래 얇은 종이나 직물을 가리켰으나 인체 조직 역시 세포들의 집합체가 섬유처럼 짜여 있기 때문에 의미가 확장된 거죠. 참고로 영어에서는 tissue 외에 Kleenex 역시 티슈페이퍼를 의미합니다. 제품명이 일반명사로 자리를 잡은 대표적 사례예요.

인체 편을 마무리하기 전에 nose로 돌아가서 brown nose라는 표현을 살짝 짚어볼까 합니다. flattery나 apple polishing, soft soap, buttering up과 마찬가지로 아첨, 아부라는 뜻이에요. brown nose가 어째서 이러한 의미를 갖게 되었는지는 이후 색깔 표현 장(p.180)에서 자세히 다뤄볼 거예요. 그 이유를 알고 나면 영어에 대한 여러분의 생각이 완전히 뒤집힐지도 모릅니다.

식물 표현
Floral Expressions

장미니까 장미다　　A rose is a rose

오래전부터 저는 어떤 영단어가 왜 그렇게 불리기 시작했는지, 그 유래와 어원이 궁금해서(그래서 이렇게 책도 쓰고 있지만) 영국인이나 미국인 친구를 만날 때마다 이유를 물었어요. 그 바람에 상대방은 꽤 당혹스러워했지요. 보통은 어원 따윈 생각하지 않고 자기 나라 말을 쓰니까요. 그들도 똑같은 식으로 영어를 사용하고 있었을 테니 골치깨나 아팠을 거예요.

어느 미국인은 항상 "A rose is a rose(장미는 장미다)"라면서 제 질문을 가볍게 피했어요. '명확하게 설명할 수 없다', '그건 그냥 원래 그런 거다'라고 말할 때 으레 사용하는 표현이에요. A rose is a rose is a rose is a rose(장미가 장미인 건 장미가 장미이기 때문이다)라는 훨씬 장황한 표현도 있어요. 만사는 눈앞에 있는 것이 전부일 뿐, 그 이상도 이하도 아니라는 뜻입니다.

rose는 '안락함', '즐거움'이라는 뉘앙스를 지닌 꽃이에요. a bed of roses(장미 침대, 장미가 흩뿌려진 침대)는 안락한 시간이나 상태를 의미하는데 대개는 부정적인 표현과 함께 쓰여요. Marriage is not a bed of roses(결혼은 장미로 가득한 침대가 아니다)는 결혼이 즐겁기만 한 건 아니라는 뜻입니다.

〈술과 장미의 나날 The Days of Wine and Roses〉이라는 영화가 있어요. 1962년에 미국에서 제작됐고 배우 잭 레먼 Jack Lemmon(1925~2001년)이 주연을 맡았어요. 서서히 술에 찌들어가는 신혼부부의 이야기로, 동명의 테마곡은 헨리 맨시니 Henry Mancini(1924~1994년)가 작곡하고 앤디 윌리엄스Andy Williams(1927~2012년)가 노래를 불러 크게 히트했습니다. 이후 오랫동안 사랑을 받으며 많은 가수가 커버곡을 부른 바 있어요.

    come up roses는 '성공하다', '잘 풀리다'라는 뜻인데, Everything's coming up roses(모두 잘 풀리고 있다)와 같이 쓸 수 있습니다. 유사한 뜻으로 come up smelling like a rose(장미 같은 향기가 나다)는 '나쁜 일이 일어났어도 옛 명성에 흠집 없이 다시 일어나다'라는 뉘앙스를 지닙니다. 운이 좋은 사람은 설령 똥통에 떨어졌다 기어 나와도 장미처럼 향기가 난다는 말에서 생겨난 표현입니다.

홍백의 장미

Tudor rose

The Wars of the Roses는 문자 그대로 '장미전쟁'입니다. 잉글랜드에서 1455년부터 30년 동안 이어진 요크 가문과 랭커스터 가문의 전쟁인데요. 랭커스터 가문이 붉은 장미, 요크 가문이 하얀 장미를 문장紋章으로 삼았기에 장미전쟁이라 불렸습니다.

영국에는 수많은 pub(펍, 주점)이 있는데, 그 지방의 역사나 사건에서 이름을 따온 경우가 많습니다. 또한 pub sign(주점 간판)에도 그러한 사실이 드러나 있어 무척이나 흥미롭죠. 간판에 붉은 장미가 그려진 '랭커스터 주점', '붉은 장미 주점', 그리고 하얀 장미가 그려진 '요크 주점', '하얀 장미 주점' 같은 이름의 pub이 즐비합니다. 재미있는 점은 붉은 장미 주점이 많은 지역과 하얀 장미 주점이 많은 지역으로 나뉜다는 사실이에요. 이를 통해 해당 지역이 장미전쟁 당시 어느 세력에 속해 있었는지를 알 수 있습니다.

전쟁 이후 랭커스터 가문과 요크 가문이 화해하면서 Tudor dynasty (튜더 왕조)가 성립됩니다. 튜더 왕조의 문장은 홍백의 꽃잎이 합쳐진 장미로 Tudor rose라고 부릅니다. '튜더 주점', '홍백 장미 주점'이라는 주점 간판에는 당연히 홍백의 꽃잎이 그려져 있어요. 붉은색과 흰색의 꽃잎이 교대로 수놓아진 간판도 있어요.

Every rose has its thorn(어느 장미에나 가시가 있다)이라는 표현이 있습니다. thorn은 가시를 가리켜요. 우리에게도 익숙한 속담인 '아름다운 장미에는 가시가 있다'와 통하는 말이죠. 좋아 보이는 일에도 위험이 도사리고 있다는 경고의 표현으로, 이 세상에 완벽한 행복은 없다는 뜻입니다.

백합처럼 흰 간   lily-livered

lily(백합)를 사용한 흥미로운 표현이 있습니다. lily-livered(백합 간이)라는 표현이 무슨 뜻인지 아시나요? 과거에는 장기 중에서 비장 spleen이 우울함 등의 나쁜 감정의 근원이라 여겼던 반면 간liver에서는 용기가 솟아난다고 여겼습니다. 간 내부에 흐르는 혈액의 양에 따라 용기의 정도가 결정된다고 봤는데, 겁 많은 사람의 간은 혈액이 부족해서 백합처럼 하얗다는 말에서 유래해 lily-livered가 '겁 많은', '정열이나 용기가 부족한'이라는 의미로 자리를 잡았죠.

lily-white는 백합처럼 하얗다는 뜻입니다. Her skin is lily-white(그녀의 피부는 백합처럼 하얗다)라는 식으로 씁니다. 하지만 실제로 하얀 백합만 있는 건 아니에요. 검은색, 빨간색, 핑크색, 노란색 등 다양한 색의 백합이 있습니다. 하얀 꽃잎에 빨간 선이 있거나 반점이 찍힌 백합도 있죠.

저는 유럽에서 왜 백합이 하얀색의 상징인지를 고심하다가 Madonna lily(마돈나의 백합)라는 표현에 도달했습니다. Madonna는 성모 마리아를 뜻해요. 성화에서 마리아가 잉태할 것임을 알리는 수태고지受胎告知를 위해 찾아온 천사 가브리엘은 하얀 백합을 손에 든 모습으로 묘사됩니다. 마리아는 순결한 몸, 즉 처녀의 몸으로 예수 그리스도를 잉태하고 출산했어요. 마돈나의 하얀 백합은 성모 마리아의 virginity(처녀성)를 상징하는 거죠.

백합에 도금을 하면

gild the lily

gild란 '금박을 입히다', '도금하다'이므로 gild the lily는 '백합에 금박을 입히다'라는 뜻입니다. 백합은 그 자체로도 충분히 아름다운데 굳이 쓸데없는 짓을 해서 아름다움을 망친다는 의미예요.

이 관용구는 셰익스피어의 《존 왕The Life and Death of King John》에 등장한 한 구절을 각색한 것으로, 원문은 다음과 같습니다.

To gild refined gold, to paint the lily, / To throw a perfume on the violet / To smooth the ice, or add another hue / Unto the rainbow, or with taper-light / To seek the beauteous eye of heaven to garnish / Is wasteful and ridiculous excess.

순금에 도금을 하고, 백합꽃에 물감을 칠하고, / 제비꽃에 향긋한 향수를 뿌리고, / 얼음이 매끄럽도록 대패질을 하고, / 일곱 빛깔의 무지개에 색깔 하나를 더하고, / 아름답게 빛나는 저 하늘의 태양에 촛불을 더하는 것처럼 / 헛되고 우스꽝스러우며 부질없는 짓이라고 말씀드리겠습니다.

영어 원문의 To gild refined gold, to paint the lily에서 가운데에 위치한 refined gold, to paint를 덜어내고 각색한 gild the lily라는 표현이 널리 알려진 것이죠. 원문을 그대로 가져온 paint the lily(백합에 물감을 칠하다) 역시 같은 의미로 쓰입니다.

평화의 상징

The olive branch is an emblem of peace(올리브 가지는 평화의 상징이다)는 구약성서《창세기》의 한 구절에서 유래합니다. 대홍수 중에 육지를 찾기 위해 노아가 풀어놓은 비둘기가 올리브 가지를 물고 돌아왔다는 이야기에서 올리브 가지가 평화와 안녕의 상징으로 자리하게 되었죠. 그래서 유엔의 깃발에는 북극 위에서 내려다본 세계지도를 올리브 가지가 감싸고 있는 모습이 그려져 있습니다.

hold out the olive branch(올리브 가지를 내밀다)는 '화해를 청하다'라는 뜻입니다. After we quarreled, I'm the one who always held out the olive branch(싸움을 한 뒤에는 언제나 내가 먼저 화해를 청했다)처럼 활용할 수 있어요.

흔히 마라톤 경기에서는 우승자의 머리에 월계관을 씌워줍니다. 이는 고대 그리스에서 경기의 승리자에게 월계관을 하사했던 데서 유래했죠. 영어로 월계수는 laurel입니다. 지금은 더 이상 생산되지 않지만 일본에는 '로렐'이라는 고급 승용차가 있었어요. 명예로운 지위의 상징으로 붙인 이름이라고 해요.

laurel을 사용한 표현 중에 gain laurels(월계수를 얻다)가 있어요. '영광을 얻다', '칭찬을 받다'라는 뜻입니다. rest on one's laurels(월계관 위에서 쉬다)는 '과거의 영광에 안주하다' 또는 '지금의 영광에 만족하다'를 의미해요.

참고로 laurel의 파생어로 laureate가 있어요. 형용사로는 '월계관을 받은'이라는 의미지만 명사로는 우수한 성적을 거둬서 명예를 얻은 사람, 수상자라는 뜻입니다. 일반적인 수상자는 winner를 사용해서 gold medal winner(금메달 수상자)라는 식으로 표현하지만, 노벨상 수상자는 특별히 laureate라고 불립니다. Professor Nakayama is a Nobel laureate(나카야마 교수는 노벨상 수상자다)라고 쓸 수 있어요.

지푸라기라도 잡다　　catch at a straw

　　보리 등 곡물의 지푸라기를 straw라고 합니다. 주스 등을 마실 때 사용하는 빨대를 가리키기도 하는데요. 지금이야 한쪽이 구부러지는 플라스틱 빨대를 쓰지만 제가 어렸을 때는 진짜 지푸라기로 된 빨대를 썼습니다.

　　straw가 들어가는 표현도 무척 많은데, 작고 빈약해 미덥지 못한 것을 가리킬 때 자주 사용됩니다. 예를 들어 a straw in the wind(바람 속의 지푸라기)는 '작은 징조'라는 뜻으로, 바람에 살살 흔들리는 지푸라기가 바람의 방향을 가리키는 모습에서 유래했습니다.

　　catch at a straw(지푸라기를 잡다)는 '궁지에 처해 헛된 노력을 하다', '재난에서 벗어나기 위해서라면 아무리 작은 기회라도 잡을 수 있다'라는 뜻이에요. catch 대신 clutch나 grasp을 쓰기도 하는데, A drowning man will clutch at a straw(물에 빠진 사람은 지푸라기라도 잡는다)라는 속담에서 유래했습니다.

　　straw man(지푸라기 인형)이라는 표현도 있어요. 영국에서는 man of straw가 일반적이에요. straw에는 미덥지 못하다는 뉘앙스가 있어서, 겉만 번지르르할 뿐 도움이 안 되는 사람이나 가상의 적을 가리킵니다.

　　straw man에는 또 다른 의미도 있어요. 의논을 할 때 상대방의 의견을 왜곡해서 반대 의견을 펼치는 것을 말해요. 예를 들어 범죄가 증가하고 있으므로 곳곳에 방범 카메라를 설치하는 편이 낫다고 주장하는 사람에게 화장실이나 탈의실에까지 카메라를 달라는 말이냐고 논리를 비틀거나, 상대방의 근거를 억지로 자신에게 유리한 쪽으로 해석해서 반론하는 상황을 가리키죠. 사자성어에도 견강부회牽強附會라는 말이 있는데, 이런 논의를 straw man argument라고 합니다. Don't straw man me(말 좀 바꾸지 말아줘)와 같이 동사로도 쓸 수 있어요.

straw는 설문조사에서 통계를 낼 때에도 사용됐습니다. take a straw poll은 '비공식 여론조사를 하다'라는 뜻이에요. 과거에는 세상의 일반적인 동향을 파악하기 위해 지푸라기를 사용해 투표를 했던 사실에서 유래했어요.

지푸라기는 제비뽑기에도 쓰였기에 draw the short straw(짧은 지푸라기를 뽑다)라는 표현도 있습니다. 가장 짧은 지푸라기를 뽑은 사람이 패배자가 되었으므로 '남이 하기 싫어하는 일을 하다'라는 의미로도 쓰입니다. '꽝을 뽑았다'와 일맥상통하는 셈이죠.

방탕한 오트밀

sow one's wild oats

곡물에는 다양한 종류가 있습니다. 가장 일반적인 wheat는 밀, barley는 보리, rye는 호밀, oat는 오트밀(귀리)입니다.

그중 oat를 사용한 sow one's wild oats(야생 오트밀 씨를 뿌리다)라는 표현이 있어요. 10세기 영국에서는 전쟁이 빈번하게 일어나 대부분의 남성이 전쟁터로 향했기 때문에 농지가 오랫동안 방치되었어요. 그런 탓에 오트밀이 야생화하고 말았죠. 야생 오트밀은 낱알이 작아서 힘들게 키워봐야 제대로 수확할 수 없었으므로 수입을 거두기도 힘들었습니다. 야생 오트밀 씨앗을 뿌린다는 건 무척이나 부질없고 어리석은 짓이었죠.

여기서 유래해 젊은이가 '여러 이성과 성관계를 갖다', 즉 '몹시 방탕하게 살다'를 sow one's wild oats로 표현하게 되었어요. 씨앗(정자)을 헛되이 이곳저곳에 잔뜩 뿌리기 때문입니다.

오트밀은 말의 먹이로도 사용되었어요. 오트밀을 먹은 말은 정력이 붙고 성적으로 왕성해져서 사방팔방으로 뛰어다녔다고 해요. 이것 또한 위와 같은 표현이 생겨난 이유 중 하나였을 거예요. 이 표현을 처음 사용한 사람은 고대 로마 시대의 희극작가인 플라우투스Plautus였다고 하니, 아주 오래전부터 사용하던 표현이라 볼 수 있어요.

바나나에 열광하다

go bananas

과일을 사용한 표현 역시 다양합니다. sour grapes(신 포도)라는 표현을 들어봤을 거예요. 억지, 오기라는 뜻이에요.《이솝우화》에 나오는 여우와 포도 이야기는 널리 알려진 바 있습니다. 한 여우가 잘 익은 포도를 발견하고 따 먹으려 했지만 워낙 높은 곳에 있어서 좀처럼 입이 닿지 않았어요. 그러자 여우는 "저 포도는 틀림없이 시고 맛이 없을 거야"라고 말했다는 이야기예요. cry sour grapes는 '인정하지 않고 오기를 부리다'라는 뜻입니다. sour grapes를 활용해서 Everything he said about not missing his ex-girlfriend was just sour grapes(그는 전 여자친구와 만나지 못하더라도 전혀 그립지 않다고 하지만 이는 그야말로 인정하기 싫어서 억지를 쓰는 것이다)와 같이 표현할 수 있습니다.

바나나가 들어가는 말도 있습니다. go bananas(바나나를 향해 가다)란 '열광하다', '머리가 이상해지다'라는 뜻이에요. 본래 원숭이가 바나나를 먹고 기뻐 날뛰는 모습에서 유래했습니다. 하지만 이 표현은 기쁠 때뿐 아니라 크게 분노할 때에도 쓸 수 있어요. My wife went bananas when I lost my wedding ring(내가 결혼반지를 잃어버렸을 때, 아내는 무척 화를 냈다)처럼 말이죠.

벽에 핀 꽃

wallflower

일본에서는 파티에 초대되었지만 아는 사람이 없어서 벽에 등만 기대고 있는 사람을 가리켜 '가베노하나壁の花, 벽의꽃'라고 합니다. 영어에도 같은 의미인 wallflower가 있어요.

실제로도 초봄에 피는 wallflower라는 꽃이 있는데, 꽃무*라고 불립니다. 어디에서나 볼 법한 흔한 꽃은 아니며 이름과 달리 벽이나 담장에 피는 꽃도 아니에요.

wallflower를 사람에게 쓰면 댄스파티 때 같이 춤추자고 불러주는 사람이 없어 벽 쪽에 우두커니 서 있는 여성을 가리켜요. 그래서 wall(벽)과 여성을 의미하는 flower(꽃)가 합쳐진 말인데, 일본에서 쓰는 벽의 꽃과는 뉘앙스가 조금 다릅니다.

일본에서 '가베노하나'라고 하면 파티장에 아는 사람도 없이 홀로 술을 마시거나 담배를 피우는 남성을 떠올립니다. 저 또한 스탠딩 파티에 참석하긴 했지만 주최자 외에는 아는 사람이 없어서 홀로 묵묵히 식사만 하고 돌아온 적이 있어요. 수많은 지인이 참석한 파티에서 주최자가 참석자들을 하나하나 정중히 챙기기란 어려운 법이죠.

제가 아직 젊었을 때, 미국 출장 중에 파티에 초대를 받은 적이 있어요. 파티장은 로스앤젤레스의 교외, 디즈니랜드가 위치한 애너하임 Anaheim의 힐튼 호텔이었어요. 뉴욕의 프로그램 제작 회사가 주최하는 파티로, 사장을 제외하면 아는 사람이 없었지만 큰맘 먹고 참석하기로 했죠. 사실 사장과 아는 사이라고는 해도 일본에 왔을 때 잠깐 인사만 나눈 정도의 친분이었어요.

* 십자화과의 여러해살이풀입니다.

152

파티장인 호텔방에 도착해보니 사장이 입구에서 웃는 얼굴로 저를 맞이했습니다. 곧바로 직원 몇 명을 불러서 여러 사람을 한꺼번에 제게 소개했죠. 한 여성이 음료가 놓인 테이블로 안내해주었고, 저는 오렌지 주스를 부탁했습니다. 그리고 그 여성에 이어서 다음 사람 또 그 사람에 이어서 다음 사람의 소개가 이어지며 점점 아는 사람이 늘어나기 시작했어요.

꽤나 고층이었던 호텔방은 안뜰을 곧장 드나들 수 있는 구조였으며 안뜰에는 풀장이 있었어요. 일본인은 저뿐이었지만 주스를 마시며 다른 사람들과 풀장 주변에서 이야기를 나누고 있자니 영화 속 파티 장면에 들어온 느낌이었습니다. 이때만큼 힘들게 영어를 배우길 잘 했다고 생각한 적이 없었죠.

이 파티에서 저는 가베노하나 신세는커녕, 자리가 파할 즈음에는 거의 대부분의 사람들과 안면을 튼 상태였어요. 주최자의 가장 큰 역할은 파티 참석자를 wallflower로 만들지 않는 것임을 일본으로 돌아온 뒤에야 깨달았습니다.

색깔 표현

Colorful Phrases

빨간 목의 기억

redneck

색을 사용한 영어 표현이라면 white-collar worker, blue-collar worker가 가장 먼저 떠오릅니다. collar라는 단어를 잘 살펴보세요. color(색)가 아닌 collar라는 걸 알아챘나요? 하얀색이나 파란색, 초록색 등에는 '색色'이라는 글자가 들어가지만 영어에는 white, blue, green 자체가 각각 하얀색, 파란색, 초록색을 의미하므로 color가 단어에 이미 포함되어 있어요.

collar란 옷깃을 의미합니다. 제가 중고등학생 때 입었던 교복 옷깃 안쪽에는 하얗고 긴 플라스틱이 끼워져 있었어요. 이것이 저에게 익숙한 칼라인데, 영어에서는 일반적인 셔츠의 옷깃을 collar라고 합니다.

아시다시피 화이트칼라는 사무실에서 근무하는 사무직을 가리켜요. 하얀 셔츠를 입는 경우가 많았기에 white-collar worker(하얀 옷깃의 노동자)라 불렸어요. 블루칼라는 공장 노동자로, 작업복이나 점프 슈트 밑에 푸른 셔츠를 입었기 때문에 blue-collar worker(파란 옷깃의 노동자)라고 했고요.

최근에 pink-collar worker라는 단어가 있다는 사실을 알았습니다. 간호사, 비서, 초등학교 교사, 접수원 등 전통적으로 여성이 많이 일하는 직업을 가리킵니다.

색깔과 노동자와 관련해 결코 잊을 수 없는 기억이 하나 있어요. 일본의 미국사학자 마쓰오 가즈유키松尾弌之가 쓴 《이상한 나라 미국不思議の国アメリカ》이라는 명저가 있습니다. 이 책에는 '미국 남부에서는 백인 농장 노동자를 레드넥이라고 부른다'라는 문장이 실려 있습니다.

redneck, 즉 빨간 목이죠.

어느 미국인 여성과 잡담을 나누다가 이야기가 어쩌다 그쪽으로 흘러서, 저는 "미국 남부에서는 농장에서 일하는 백인을 redneck이라고 부른다면서요?" 하고 영어 지식을 뽐냈습니다. 분명 어떻게 그런 것까지 다 아냐며 감탄할 줄 알았어요. 그런데 그 말을 듣자마자 여성은 경악과 당혹감을 드러내며 작은 목소리로 화를 냈죠. "그런 말은 쓰면 안 돼요. 만약 미국에서 그런 말을 했다간 흠씬 두들겨 맞을지도 몰라요." 그러면서 redneck은 남을 상처 입히는 무척이나 차별적인 표현이라고 덧붙였습니다.

이 표현에 흥미가 생겨서 알아봤더니, 어느 자료에 '난폭하고 완고하며 가난한 남부 백인, 편협한 사고방식이 굳어진 사람'이라고 쓰여 있었습니다. 물론 햇살이 강한 미국 남부에서 야외 작업을 하다 보면 목덜미가 햇빛에 그을려 붉어진다는 사실에서 유래한 표현이지만, 자신들의 토지를 침략한 자에 대한 분노로 목이 붉어졌다는 뉘앙스도 있다고 해요. 게다가 이 단어에는 또 하나의 의미가 있었습니다. 목에 비늘 모양의 빨간 물집이 생기는 펠라그라pellagra(니코틴산 결핍증후군)에 걸린 사람을 가리킨다고도 해요.

아무튼 무척 실례되는 영어 표현이라는 사실에는 변함이 없죠. 이 사실을 알려준 그 미국인에게 감사의 말을 전합니다.

흑자와 공황

in the black

경제·경영과 관련된 용어 중에 in the black은 문자 그대로 '흑자로'를 의미합니다. 반대로 '적자로'는 in the red예요. 이는 장부에 기입할 때 (돈을) 빌려준 쪽은 검은 잉크로 쓰고 빌린 쪽은 빨간 잉크로 쓴 사실에서 유래했어요. 그러므로 Our company was in the red last year는 '우리 회사는 작년에 적자였다'라는 뜻입니다.

첫 글자를 대문자 B로 바꾼 Black Monday(암흑의 월요일)는 1987년 10월 19일에 주가가 대폭락한 날을 가리킵니다. 그로부터 58년 전인 1929년 10월 24일에도 미국 뉴욕의 증권거래소에서 주가가 대폭락해 세계적인 금융 대공황의 단초를 제공했는데, 그날은 목요일이었기 때문에 Black Thursday(암흑의 목요일)로 알려져 있어요.

그보다 훨씬 오래된 일이지만 1869년 9월 24일에도 뉴욕 월스트리트에서 금 독점에 실패해 금융 공황이 발생했습니다. 이날은 금요일이었기 때문에 Black Friday라고 불립니다. 하지만 최근에는 이 Black Friday가 전혀 다른 의미로 쓰이고 있어요. 11월 넷째 주 목요일 추수감사절의 이튿날 금요일을 뜻하는 말로, 해마다 이날부터 크리스마스 세일이 시작됩니다. 어떻게든 가게를 흑자로 이끌려는 바람을 담아 이런 이름으로 부르게 되었어요. 이처럼 검은색에 긍정적인 이미지도 존재한다는 사실을 기억해주세요.

검은 마리아

미국에서는 죄수 호송차를 Black Maria라고 부릅니다. 19세기 보스턴에 거주하던 Maria Lee라는 흑인 여성의 이름에서 유래했어요. 덩치가 크고 호쾌한 여성으로, 모두가 친근감을 담아 Black Maria라고 불렀죠. Black Maria는 선원을 위한 여관을 운영하며 여러 선원을 돌보거나 상담을 해줬어요. 동시에 잔뜩 취해 난동을 부리는 투숙객을 경찰서로 끌고 가거나 신원보증인으로 나서주기도 했죠. 무척이나 마음 씀씀이가 좋아 경찰도 신뢰하는 사람이었어요. 이러한 사실에서 유래해 죄수를 태우고 달리는 버스를 Black Maria라고 부르게 되었답니다.

black과 관련된 또 다른 표현도 살펴봅시다. 하얀 양 무리 안에 검은 양 한 마리가 섞여 있으면 무척 눈에 잘 띄죠. 그래서 black sheep(검은 양)은 따돌림, 이단아라는 뜻입니다. 양털을 wool이라고 하는데, 하얀 양털은 어떤 색으로도 물들일 수 있지만 검은 양털은 다른 색으로 물들일 수 없기 때문에 가치가 낮았어요. 또 검은 양털에는 악마가 깃든다는 말도 있었죠. 그런 탓에 black sheep이 성가신 존재를 의미하게 되면서 명문가의 명성에 먹칠을 하는 골칫덩이 자식도 black sheep이라 부르게 되었습니다.

오렌지색 블랙박스

black box(블랙박스)는 일상에서 자주 접하는 말이죠. 비행기에 탑재되어 항로나 속도, 고도 등의 비행 데이터나 조종석 안에서의 대화 등을 기록하는 상자를 뜻합니다. 항공기 사고가 발생하면 사고 원인을 규명하는 데 중요한 역할을 하는 기기로, 아무리 강한 충격을 받더라도 망가지지 않게끔 제작됩니다. 그런데 이름과 달리 black box는 멀리서 보더라도 금세 발견할 수 있도록 오렌지색으로 칠해져 있어요.

black box에는 또 다른 의미도 있습니다. 다들 쉽게 사용하지만 정작 내부 구조나 원리에 대해서는 잘 모르는 기기를 뜻해요. 예를 들어 저에게는 텔레비전이 black box입니다. 어떠한 구조고 어떠한 원리로 영상이 나오는지는 모르겠지만 리모컨 스위치를 누르면 방송을 볼 수 있고 채널도 바꿀 수 있죠.

컴퓨터 역시 무슨 원리로 문자가 입력되고 어떻게 메일이 보내지는지, 어떻게 인터넷으로 연결되는지 도통 이해가 되지 않아요. 컴퓨터가 발달하면서 세상에는 black box가 계속 늘어나고 있습니다.

계산할 때에는 전자계산기를 사용하는데 숫자나 +, -, ÷ 같은 키만 눌렀을 뿐인데 어떻게 그토록 빠르게 계산이 되는지 원리를 모르겠습니다. 하지만 주판은 모든 것이 눈에 보이고, 어떤 알을 튕기면 되는지를 배우면 계산도 쉽게 할 수 있죠. 다만 빠르게 계산하려면 상당한 연습이 필요합니다. 특히 어린이에게는 이런 훈련이 필요하다고 생각해요. 단순히 계산기처럼 '여기를 누르면 답이 나온다'로 끝내서야 아이들의 장래가 걱정되지요.

상자에서 구멍으로 이야기를 바꿔보겠습니다. black hole(블랙홀)은 천문용어로, 중력이 강해서 빛이나 열 등 어떠한 물질도 탈출하지 못하고 모든 것이 빨려 들어가는 천체를 가리킵니다. 일상에서도 돈이나 물품이 깡그리 사라져버리는 상황을 비유할 때 쓰지요. All of my money has gone down a black hole(돈이 모두 블랙홀에 빨려 들어갔다)은 '내 돈이 전부 흔적도 없이 사라졌다'는 뜻입니다.

하얀 거짓말과
검은 거짓말

white lie / black lie

흔히 미국인은 Yes 혹은 No를 분명하게 표현한다고 알려져 있죠. 또한 상대가 아무리 듣기 싫어하는 말이라도 정확하고 또박또박하게 진실을 전달하는 것이 미국식 sincerity(성의)라는 이야기도 들은 적이 있어요. 하지만 저는 여러 미국인과 함께 작업을 하고 친구가 되기도 했지만 그런 생각은 해본 적이 없어요. 그 증거로, 영어에는 white lie(하얀 거짓말)라는 말이 있습니다. 호의로 상대방을 배려해서 하는 거짓말을 의미합니다. '거짓말도 잘만 하면 논 닷 마지기보다 낫다'라는 속담이 있듯이, 경우에 따라서 거짓말을 해야 하는 상황이 생기는 건 미국이나 영국도 우리와 마찬가지겠죠. 반대로 black lie(검은 거짓말)도 있어요. 상대를 함정에 빠뜨리기 위해 악의를 품고 하는 심한 거짓말을 가리킵니다.

백기사, 흑기사 (white knight / black knight)

white knight, black knight라는 단어는 M&A(기업의 매수·합병) 때 자주 사용되는 용어예요. A사가 B사에게 적대적 인수합병을 당할 때 A사와 우호적 관계인 C사가 A사를 인수해 구제해줄 때가 있습니다. 이처럼 A사에게 유리한 조건으로 호의적인 인수를 진행해주는 C사 같은 회사를 가리켜 white knight(백기사)라고 합니다. 만약 A사에 적대적인 B사에게 인수된다면 A사의 경영진은 모두 쫓겨날 우려가 있죠. 하지만 우호적인 C사가 인수해준다면 안심이 되고, 지금까지와 동일한 방침으로 경영을 이어갈 가능성도 높아집니다.

반대로 적대적 인수합병을 시도하는 B사가 다른 D사의 협력을 받아 A사의 주식을 사들여서 인수를 강행하는 경우도 있습니다. 이때 D사는 A사의 black knight(흑기사)가 됩니다.

black mail이라는 단어도 있어요. 과거 스코틀랜드의 농지는 대부분 영국 귀족인 부재지주가 소유하고 있었는데, 이들은 농민에게 터무니없이 높은 지대를 부과했어요. 부재지주만이 아니었죠. 산적들도 서민의 목숨과 토지를 지켜주는 대가로 금전이나 공물을 빼앗아가곤 했죠. 그 금품을 고대 스코틀랜드어로 mael(계약)이라 불렀어요. 여기서 세금, 공물이라는 의미의 mail이 생겨났습니다.

부재지주나 산적에게 세금을 바치는 방식은 두 가지였어요. 하나는 white mail(백지대)이라 하여 하얀 은화로 지불하는 방법이었고, 현금이 없는 사람은 black mail(흑지대)이라 하여 검은 소나 작물 등으로 지불했습니다. 하지만 흑지대는 백지대에 비해 가치가 명확하지 않아서 부재지주나 산적은 얼토당토않게 많은 양을 쥐어짜냈죠. 이러한 사실에서 blackmail이 공갈, 협박이라는 의미를 갖게 되었습니다.

mail과 관련된 이야기를 이어나가자면, greenmail이라는 표현도 있어요. 앞서 언급한 M&A 용어인 black knight나 white knight와 관련이 깊은데요. 어느 회사가 다른 회사를 인수하기에 충분할 정도의 주식을 사들인 후, 고가로 되팔아 차액을 얻는 전략을 가리킵니다. 적대적 인수를 당할 바에야 고액으로라도 주식을 도로 사들이는 편이 낫다고 생각하는 기업도 많겠지요. 미국 달러화는 뒷면이 초록색이라서 greenback이라고도 불리는데, greenmail은 달러화의 green과 공갈, 협박을 의미하는 blackmail이 합쳐져서 생긴 말이에요.

흑과 백   in black and white

black and white는 흑백을 의미하며, black-and-white photo는 흑백사진입니다. monochrome photo라고도 부르죠. monochrome에서 mono는 하나, chrome은 색 혹은 색조를 가리키니 '색이 하나'라는 뜻입니다. 따라서 검은색뿐 아니라 파란색, 빨간색 모두 monochrome이 될 수 있어요.

black and white는 흑백의 명확한 구별을 뜻하기도 해서 여기서 '단순하며 간단한'이라는 의미도 생겼어요. 따라서 a black and white issue란 흑백이 확실해서 '쉽게 해결할 수 있는 간단한 문제'를 의미해요. He tends to think about things in black and white라고 하면 '그는 만사를 딱 잘라서 단순하게 생각하는 경향이 있다'라는 뜻이에요.

in black and white는 '(말이 아니라) 서면으로', '인쇄되어'를 뜻합니다. 예를 들어 you need to submit the plan in black and white를 해석하면 '기획을 (말이 아닌) 서면으로 제출해야 한다'입니다.

흑백과 관련해서 이야기하면서 폴 매카트니Paul McCartney와 스티비 원더Stevie Wonder가 노래한 〈Ebony and Ivory〉라는 곡을 빼놓을 수는 없죠. ebony(흑단)는 피아노의 검은 건반을, ivory(상아)는 하얀 건반을 가리킵니다. 백인인 폴 매카트니와 흑인인 스티비 원더가 함께 피아노의 검은 건반과 하얀 건반으로 멜로디를 연주하듯, 백인과 흑인·유색 인종이 사이좋게 조화를 이루는 세계를 만들자고 노래하는 곡입니다.

머리를 쓰세요

gray matter

우리는 흔히 흑백이 분명하지 않아 애매모호할 때 '회색'으로 표현하곤 합니다. 미국식 영어로는 gray, 영국에서는 grey라고 주로 표기하는데요. 애매모호한 부분, 회색 지대라는 의미인 gray area는 우리에게도 익숙한 단어죠.

gray가 들어가는 재미있는 표현으로 gray matter(회색 물질)가 있습니다. 뇌 안의 회백질을 가리키는데 두뇌, 지능을 의미하기도 합니다. use gray matter는 '머리를 써라'라는 뜻으로, How can you solve those math problems if you don't use your gray matter(머리를 쓰지 않는다면 어떻게 저런 수학 문제를 풀 수 있겠어?)와 같은 예로 사용할 수 있어요.

또 gray는 잿빛을 가리키는 말이므로 He led a gray life(그는 잿빛 인생을 보냈다), The sky is gray(하늘은 잿빛이다)로 쓰기도 해요.

마마스 앤 파파스The Mamas and Papas의 〈California Dreaming〉이라는 유명한 노래가 있죠. "All the leaves are brown and the sky is gray"라는 가사로 시작돼요. 순식간에 듣는 사람을 애수의 세계로 끌어들이는 멋진 가사와 멜로디예요.

우리는 흔히 실버타운silver town처럼 고령자를 silver로 표현하지만 영어에서는 gray를 사용해요. 백발 역시 silver 대신 gray hair(혹은 white hair)라고 표현하죠. gray는 형용사로 '노령의', '백발의', 동사로는 '백발이 되다' 혹은 '고령화하다'를 의미해요. 따라서 gray household는 고령자 세대, the graying of Japan은 일본의 고령화, graying society는 고령화 사회를 뜻합니다.

추리소설 속 빨간 청어

빨간색은 흥분을 불러일으키는 색입니다. see red(빨강을 보다)는 '느 닷없이 화를 내다'라는 뜻이에요. be like a red rag to a bull(소에게 빨 간 천과 같다)은 '틀림없이 화나게 할 것이다'라는 의미로, This kind of joke is like a red rag to a bull for him(이런 농담은 틀림없이 그를 화나게 할 거야)이라는 식으로 쓸 수 있어요.

투우에서 흥분한 소가 빨간 천을 향해 돌진하는 모습에서 유래한 표현이지만, 사실 소는 그렇게까지 색깔을 잘 인식하지는 못한다고 알 려져 있습니다. 오히려 인간이 흥분하는 색이어서 빨간 천을 사용한다 고 해요. 또한 빨간 천 덕분에 투우사는 넓은 투우장 안에서도 눈에 잘 띄며 세련되고 화려한 몸놀림 역시 주목을 끌기 쉬워지죠.

red herring(빨간 청어)이라는 표현이 있습니다. 청어는 신선할 때는 하얗지만 식초나 향신료를 뿌린 후 말려서 훈제하면 빨갛게 변하면서 냄새도 심해집니다. 영국에서는 예부터 여우 사냥이 성행했는데, 동물 학대라는 이유로 반대하는 주민도 많았어요. 또한 여우를 쫓는 와중에 는 허가 없이도 남의 땅에 들어갈 수 있었는데, 아무리 그래도 남이 자 기 땅을 어지럽히는 모습을 보고 마음이 편한 사람은 없었겠죠. 그래 서 여우 사냥 반대론자들은 짓궂게 빨간 청어를 땅에 깔아놓았고, 여 우를 쫓던 사냥개들은 후각에 문제가 발생해 더 이상 사냥감을 쫓을 수가 없었어요. 이런 방식으로 사냥개들을 혼란에 빠뜨렸던 거죠.

여기서 유래해 추리 소설가가 혼란을 줄 목적으로 독자의 추리를 사 건의 핵심에서 비껴가게 하는 전개 방식을 red herring이라고 부르기 시작했습니다. 소설을 읽으며 이 등장인물이 범인이겠거니 생각하고 있으면 대개 그 인물이 곧바로 살해당하곤 하죠. 그렇다면 대체 누가 범인일까 싶어서 계속 읽다 보면 이야기는 뜻밖의 전개를 보이고, 수수께끼는 점점 깊어집니다. 이처럼 진상에서 눈을 돌리게 하는 이야기 전개가 바로 red herring이에요.

그래서 red herring에는 거짓 정보, 헛소문 혹은 본질과는 무관한 사실이나 정보라는 의미도 있습니다. 회사에서 회의를 하다 보면 핵심 주제에서 벗어나는 말을 하는 사람이 꼭 있죠. 그럴 때 The questions about the cost of the new project are a red herring(새로운 프로젝트의 비용 문제는 주제의 본질과는 무관하다)과 같은 식으로 활용할 수 있습니다.

정중한 대우

red carpet

할리우드에서 열리는 영화제에는 세계적인 대스타가 대거 초대됩니다. 이들은 리무진에서 내려 팬들의 환호성을 받으며 red carpet(레드 카펫) 위를 천천히 걸으며 회장으로 들어가지요. 이러한 모습에서 유래해, 호화로우며 정중한 특별대우를 the red carpet treatment라고 부릅니다. '정중하게 대우하다'는 give someone the red carpet treatment 혹은 roll out the red carpet이라고 표현해요. roll out은 롤 형태의 물건을 펼친다는 뜻입니다.

잠시 영화제를 준비하는 모습을 상상해볼까요. 여러 스태프가 몸을 웅크린 채 돌돌 말린 카펫을 펼치는 정경이 떠오를 거예요. 이것이 바로 roll out the red carpet입니다. 그만큼 스타들을 정중히 맞이합니다. 참고로 roll out의 반대는 roll up으로, '감아올리다'라는 뜻이에요. 두루마리 따위를 돌돌 마는 모습을 상상하면 바로 이해할 수 있을 거예요.

카펫이 아니라 red tape(빨간 테이프)라는 표현도 있습니다. 과거 영국에서는 관청의 공문서를 빨간 테이프로 묶어놓았어요. 그래서 red tape는 태만하며 비효율적인 관청 업무, 까다롭고 고지식한 관료적 형식주의, 관료적이며 번거로운 절차라는 뜻도 갖게 되었어요. I ran into all kinds of red tape(번거로운 관청의 절차에 부딪혔다)를 예로 들 수 있겠네요.

red를 이용한 또 다른 표현으로 red-eye flight(빨간 눈의 비행)가 있습니다. 야간 비행편, 다시 말해 '비행기 안에서 일박하는 비행편'을 가리킵니다. 야간 비행이라 승객뿐 아니라 조종사나 객실 승무원까지 모두 눈이 빨갛게 충혈된다는 사실에서 유래했어요. 저 역시 최근에 하네다 국제공항에서 심야 비행편으로 미국에 갈 일이 많아졌는데요. I took the red-eye flight from Tokyo to San Francisco(나는 도쿄에서 출발하는 샌프란시스코행 야간 비행편을 탔다)와 같이 말할 수 있습니다.

초록은 질투의 색

green with envy

영어를 제법 본격적으로 배운 사람이라면 초록색이 질투를 의미한 다는 사실을 알고 있을 겁니다. 예를 들어 green with envy는 '무척 질 투하다', '부러워하다'를 의미하죠. When his colleague got promoted, Jack was green with envy는 '동료가 승진했을 때 잭은 질투했다'라는 뜻이에요. 그런데 어째서 초록이 질투의 색이 된 걸까요?

남자와 여자 사이의 감정을 생각해보세요. 이성에게 호의를 품었을 때 끓어오르는 감정을 '빨강'에 빗댄다면 반대로 상대에게 증오를 품 었을 때 생기는 차가운 감정은 '파랑'일 거예요. 더는 관계를 되돌릴 수 없으면 어떡하나 하는 초조함은 '노랑'이고요. 질투란 빨강과 파랑 그 리고 노랑이 뒤섞인 감정으로, 저는 평소에 세 가지 색을 섞어서 초록 이 된 게 아닐까 생각했어요. 물론 제 느낌이 그랬을 뿐, 초록은 파랑과 노랑 두 가지 색만 섞으면 만들어져요.

여러 문헌을 뒤적거린 결과 신뢰할 만한 이야기를 찾아냈어요. 고 대 그리스에는 4체액설이 있었습니다. 인간의 몸에는 혈액, 점액, 흑담 즙, 황담즙 이렇게 네 가지 체액이 흐르는데, 그 균형이 무너지면 질병 이 생긴다고 여겼어요. 체액의 균형은 인간의 기질에도 영향을 주는 데, 혈액이 많은 사람은 낙천적이고, 점액이 많은 사람은 둔감하며, 흑 담즙이 많은 사람은 우울하고, 황담즙이 많은 사람은 성격이 급하다고 보았어요.

그리고 기분 역시 그때그때 체액량에 영향을 받아서, 질투라는 감정 에 사로잡히면 초록색 황담즙이 과도하게 분비되어 낯빛 역시 초록색

으로 변한다고 생각했죠.* 이런 발상에서 고
대 그리스의 시인 사포Sappho는 실연당해 질

* 담즙은 간에서 만들어지는 유액으로 지방의 소화를 돕고 황녹색을 띱니다.

투심에 사로잡힌 사람의 낯빛을 초록색으로 묘사했어요. 이후로 시나 문학에서 초록색이 질투, 시기의 색으로 널리 사용되기 시작했죠.

질투의 green은 셰익스피어의 희곡에도 자주 등장하는데요.《베니스의 상인The Merchant of Venice》에는 이러한 구절이 나옵니다. "How all the other passions fleet to air, ⋯ And shuddering fear, and green-eyed jealousy(아아, 온갖 번민이 녹아 없어지듯 허공으로 사라져간다 ⋯ 가슴을 옥죄는 불안도, 초록색 눈을 한 질투도)."

또한《오셀로Othello》에도 "O' beware, my lord, of jealousy! / it is the green-eyed monster which doth mock / The meat it feeds on(질투를 조심하십시오, 각하. 그놈은 희생자를 잡아먹으면서 조롱하는 초록 눈을 한 괴물입니다)"이라는 문장이 있습니다.

고양이나 사자, 호랑이처럼 초록색 눈을 가진 동물은 먹잇감을 곧바로 죽이지 않고 천천히 가지고 놀며 괴롭히는 속성이 있어요. 인간의 질투 역시 마찬가지로, 상대방을 사랑하면서도 동시에 미워서 괴롭히고 싶다는 감정에 강하게 사로잡힌 상태입니다.

새파란 애송이

흔히 미성숙한 젊은이를 '새파란' 애송이라고 표현하곤 하는데, 영어에서도 green은 미숙함을 의미합니다. 사과 같은 과일은 다 익지 않았을 때는 초록색이죠. 그래서 green worker는 아직 일에 서툰 미숙한 노동자를 가리킵니다.

greenhorn(초록 뿔) 역시 초보자, 신입, 미숙한 사람을 의미합니다. 과거에는 수소가 농사일에 쓰였는데, 우둔하고 완고하며 힘도 세다 보니 명령을 따르도록 훈련시키기가 여간 어려운 일이 아니었어요. 송아지 때부터 훈련을 시작해서 뿔이 다 클 만큼 성장했을 무렵에서야 간신히 '오른쪽으로'나 '왼쪽으로'처럼 간단한 명령을 따르게 되었죠. 그래서 아직 뿔이 덜 자란, 즉 green인 수소는 가치가 낮아서 좀처럼 팔리지 않았다고 해요.

green은 환경 분야에서도 자주 쓰입니다. green energy(친환경 에너지), green consumer(환경문제를 생각하는 소비자), green politics(환경 정책), green chemistry(친환경 화학) 등과 같이 '친환경'이라는 의미를 나타냅니다. 또한 Green Party(녹색당)는 독일과 영국에서 결성된 환경 보호를 목표로 삼는 정당의 명칭이죠.

최근에는 the greenhouse effect라는 말을 뉴스 등에서 자주 접합니다. greenhouse가 온실이므로 '온실효과'라는 뜻이에요. 지구의 대기권 내부에 갇힌 열이 외부로 잘 발산되지 않아 내부에 축적되면서 기온이 상승하는 현상을 말해요. 이러한 상황이 온실 속에 열이 갇힌 모습과 유사하다 하여 온실효과로 불리게 되었는데요. 온실효과로 인해

174

생긴 문제가 바로 global warming(지구온난화)입니다. 그 원인으로는 greenhouse gas(온실가스), 다시 말해 이산화탄소와 메탄 등의 증가가 있어요.

우리는 흔히 사용하는 교통신호의 파란불을 영어에서는 green이라고 합니다. 초록 신호는 go(전진하라!)라는 의미이므로 green light는 정식 허가를 뜻하기도 해요. give the green light(정식 허가를 내리다), get the green light(정식 허가를 얻다) 등으로 사용해요. greenlight처럼 붙여 쓰면 '허가를 내리다', '출발 신호를 내리다'라는 동사가 됩니다.

행복의 녹색 광선

green flash

맑은 날 저녁, 수평선이나 지평선으로 태양이 저문 바로 그 순간에 아주 잠깐이지만 초록색 빛이 번쩍이는 경우가 있어요. 이 현상을 green flash(녹색 광선)라고 하는데요. 아주 드물게 볼 수 있는 자연현상이지만 이 현상을 본 사람은 행복해진다는 말이 전해집니다.

꽤 오래전에 작가 모리무라 가쓰라森村桂(1940~2004년)가 쓴 《천국과 가장 가까운 섬天国にいちばん近い島》이라는 소설이 있습니다. 오바야시 노부히코大林宣彦(1938~2020년)가 감독, 하라다 도모요原田知世가 주연을 맡아 동명의 영화(1984년)로도 제작된 바 있지요. 천국과 가장 가까운 섬이라 불리는 뉴칼레도니아를 무대로 한 소녀의 성장 이야기입니다. 내용은 잘 기억나지 않지만 태양이 저문 순간에 주변이 온통 초록색으로 물든 마지막 장면은 인상적이었어요. 이 영화 덕분에 green flash 현상을 알게 되었는데, 정말로 행복해지는지 어떤지는 전설이라고 쳐도 어째서 이러한 현상이 발생하는지 그 이유는 몰랐어요.

그로부터 몇 년이 지나서 에릭 로메르Éric Rohmer(1920~2010년)가 감독한 프랑스 영화 〈녹색 광선Rayon Vert〉을 보고 비로소 의문이 해소되었죠. 영화 속에서는 이런 대사가 나와요. "태양은 적·황·청색 빛을 내지만 그중에서도 파란 빛이 가장 파장이 길어. 그래서 태양이 수평선으로 저문 순간, 마지막까지 남아 있던 파란 광선이 주변의 노란색과 섞이면서 우리 눈으로 들어오는 거야."

다시 10년이 더 지난 후, 저는 태평양과 인접한 도로를 따라 미국 샌프란시스코에서 로스앤젤레스를 향해 운전을 하고 있었습니다. 크고

176

동그란 태양이 수평선으로 저물고 있었어요. green flash를 볼 수 있을지도 모른다는 생각에 차를 전망대에 세워두고 가만히 바다와 석양을 바라보았죠. 기다리길 20분, 태양의 맨 윗부분이 수평선에 가려진 바로 그때에 초록색 광선만 하늘을 향해 확 뻗어나갔어요. 아주 잠깐이었고 영화처럼 사방이 온통 초록빛으로 물들지도 않았지만 그 광경은 지금까지도 제 기억에 뚜렷하게 남아 있습니다.

고귀한 파랑   blue-blooded

blue(파랑)에는 다양한 이미지가 있습니다. sky blue는 하늘색이지만 blue에는 '우울한'이라는 뜻도 있어요. blue Monday는 우울한 월요일이고, I am feeling blue now는 '나는 지금 기분이 우울하다'라는 뜻이죠.

또한 blue에는 '고귀한'이라는 뜻도 있어요. blue-blooded(파란 피의)는 '귀족 출신의', '명문가 출신의'를 의미해요. 이는 스페인어의 *sangre azul*(귀족, 명문의 혈통)에서 유래했어요. 귀족은 피부가 하얘서 혈관이 그대로 비친다는 말에서 생겨난 표현이에요. 8세기부터 15세기에 걸쳐 스페인은 북아프리카에서 침입한 이슬람교도들에게 지배를 받았어요. 자신들의 국토를 빼앗은 무어인Moor을 증오하는 한편으로 본래 주민이었던 스페인인의 순혈성을 칭송하는 말인 셈이죠.

이와 대조적으로 blue에는 '외설적인', '야한'이라는 의미도 있어요. blue film(파란 영화)은 외설적인 영화를, blue joke는 음담패설을 가리켜요. blue에 이런 의미가 생긴 이유는 19세기 초에 프랑스의 *La Bibliothéque Bleu**라는 출판사가 여러 음란서적을 발행했던 사실 때문이에요.

> * 프랑스어로 파랑은 영어의 e와 u의 순서가 바뀐 bleu입니다.

in a blue moon이라는 표현도 있습니다. 파란 달은 '오랫동안'을 의미하는 말로, once in a blue moon(달이 파랄 때 한 번)이란 '극히 드물게', '좀처럼 ~하지 않는다'라는 뜻이에요. 대기 중에 떠다니는 미세한 먼지의 영향을 받아 간혹 달이 파랗게 보일 때가 있는데요. 좀처럼 보기 드문 일이기에 생긴 표현이에요. She takes a vacation once in a blue moon(그녀는 아주 가끔씩만 휴가를 쓴다)처럼 쓸 수 있습니다.

건강의 핑크

in the pink

pink는 분홍색이지만 in the pink는 '무척 건강해서' 혹은 '걱정이 없다'를 의미합니다. My grandmother is in the pink(할머니는 무척 건강하다), I'm in the pink financially(나는 금전적으로 걱정이 없다)라는 식으로 표현할 수 있어요.

be tickled pink는 크게 기뻐한다는 뜻입니다. tickle은 '간지럽히다', '웃기다', '기쁘게 하다'라는 의미의 동사로, Mary was tickled pink when she received the flowers(메리는 꽃을 받고 무척 기뻤다)처럼 사용할 수 있죠.

예전의 부끄러운 사건을 떠올리거나, 화를 내거나, 심한 운동을 했을 때 얼굴이 붉어지는 걸 영어로는 보통 go red라고 합니다. 그러나 She went pink again as she remembered her mistake(그녀는 자신의 실수를 떠올리며 다시 얼굴이 분홍색으로 변했다)와 같이 간혹 go pink라고 말하기도 합니다.

아첨하는 갈색 코

brown nose

색깔 편의 마지막은 brown nose(갈색 코)로 마무리하고자 합니다. '시도 때도 없이 아부를 하다', '아첨하다'라는 뜻입니다.

'아첨하다'라는 의미로 flatter를 자주 쓰지만 그 외에 여러 독특한 표현이 있어요. 그 대표주자가 바로 apple-polish(사과에 광을 내다)일 거예요. 명사인 아첨은 apple-polishing, 아첨하는 사람은 apple-polisher입니다. 과거 학교 선생에게 반짝반짝하게 광을 낸 사과를 갖다 바치며 아부를 떨었던 데서 유래했어요.

그 외에도 soft-soap(부드러운 비누) 혹은 banana oil(바나나 기름)이라는 표현도 있습니다. butter up 역시 기름을 친다는 뜻에서 매사를 원활하게 한다는 의미를 거쳐 '아첨하다'의 의미로 쓰이게 되었죠.

brown nose는 실은 소개하고 싶지 않았어요. 하지만 이 표현을 언급하지 않는다면 이 책을 내는 의미가 없지 않을까 하는 생각까지 들어 큰맘 먹고 소개하려고 해요.

brown nose는 직역하면 '갈색 코'입니다. 어째서 코가 갈색일까요? 그건 아첨할 상대방의 엉덩이에 코를 박으면 항문에 남아 있는 갈색 배설물이 코에 묻기 때문이에요. 그렇게까지 하면서 아첨해야 할까 싶겠지만 이런 추접한 표현까지 모두 아우르는 것이 바로 영어입니다. 영어는 솔직하고 재미있어요.

인명 표현

Famous Names

보수파 영국인 　　John Bull

　　사람의 이름이란 참으로 신기합니다. 여러 이름이 쭉 나열되어 있는데 그중에 나카야마 신야中山伸弥(야구선수)나 무라카미 하루키村上春樹(소설가) 같은 유명인의 이름이 섞여 있으며 대충 훑어봐도 그 이름만 유독 눈에 들어올 거예요. 어디에서나 흔히 볼 법한 평범한 이름이라 해도 그 사람의 활약상이나 주목도에 따라 이름이 빛나 보이는 거죠.

　　미국에서는 사람 이름을 공항이나 도로 명칭으로 사용하기도 합니다. 특정한 의미의 명사나 형용사, 동사로 쓰이기도 하고요.

　　먼저 John bull(존 불)이라는 이름부터 살펴보겠습니다. 존 불은 영국이라는 나라를 의인화한 가공의 인물로, 전형적인 보수파 영국인도 함께 뜻합니다. 이 이름은 존 아버스넛John Arbuthnot(1667~1735년)이라는 풍자 작가가 만들었어요. 그는 18세기 초에 《The History of John Bull(존 불의 역사)》이라는 소책자를 발행해서 당시 전쟁 중이었던 프랑스와의 정전을 주장했습니다. 국가를 직접적으로 지목해 논리를 펼치는 대신 각 나라를 의인화하거나 국가 원수에게 별명을 붙여서 대중도 이해하기 쉽게 묘사했죠. 예를 들어 영국은 John Bull, 네덜란드는 Nicholas Frog(니콜라스 프로그), 스페인의 펠리페 국왕은 Lord Strutt(로드 스트럿), 프랑스의 루이 14세는 Lewis Baboon(루이스 배분)이라는 식으로 말이죠. 네덜란드의 frog는 개구리고, 스페인 국왕의 strutt에서 마지막의 t를 빼면 뽐낸다strut는 뜻이 됩니다. 루이 14세인 baboon은 비비원숭이로 얼뜨기를 의미하기도 하죠. 이렇게 보니 영국의 John Bull만 유독 멀쩡한 느낌이군요.

샘 아저씨 U.S

Uncle Sam

미국의 별명은 뭘까요? Uncle Sam(샘 아저씨)입니다. 대통령 선거 때면 간혹 성조기 무늬가 박힌 실크 모자나 외투, 바지를 입은 노인의 그림이 내걸리는데요. 이는 미국을 의인화한 가공의 인물로, 국가의 상징처럼 받아들여지죠. 미국(정부)이나 미국인을 Uncle Sam이라고 부르기도 하는데요. 어쩌다 Uncle Sam이 미국의 상징이 된 걸까요?

19세기 초 뉴욕에 새뮤얼 윌슨Samuel Wilson이라는 정육업자가 있었는데, Uncle Sam이라는 별명으로 불렸습니다. 그는 영미전쟁(1812~1814년) 당시 미군에 납품하는 고기의 검사관 일도 해서 고기가 든 나무통에 United States의 머리글자인 'U.S.'라는 도장을 찍었어요. 그런데 누군가가 이 U.S.가 그의 별명인 Uncle Sam 아니냐며 우스갯소리를 했고, 그때부터 미국 정부를 Uncle Sam이라 부르게 되었다고 합니다.

비슷한 설이 또 있습니다. 19세기에 미국 해군에 납품되던 고기가 담긴 나무통에는 'E.A.U.S.'라는 도장이 찍혀 있었어요. 이는 고기 판매 회사인 Elbert Anderson과 United States의 머리글자였는데, 어느 날 병사가 이니셜의 의미를 물어보니 누군가 "Elbert Anderson's Uncle Sam이겠지"라고 농담처럼 대답했어요. 이 농담이 많은 사람의 마음을 사로잡았고 영국의 John Bull에 맞서 Uncle Sam이 미국의 대명사로 자리 잡았다고 해요.

이름 없는 아무개

John Doe / Jane Doe

일본에서는 강이나 바다에 빠져 죽은 사람, 다시 말해 익사자를 도자에몬土左衛門이라고 부릅니다. 이는 18세기의 스모선수 나루세가와 도자에몬成瀬川土左衛門에서 유래한 말인데요. 스모선수가 너무나도 뚱뚱했기 때문에 누군가가 부풀어 오른 익사자의 시체를 보고 도자에몬 같다고 농담처럼 말한 것이 시초였다고 해요.

이와 비슷하게 영어에서도 신원 미상자를 가리켜 남성은 John Doe, 여성은 Jane Doe라고 부릅니다. '이름 없는 아무개'라는 말이에요. 일본의 아이돌 그룹 AKB48의 멤버 다카하시 미나미高橋みなみ의 첫 솔로 곡의 제목이 바로 〈Jane Doe〉로, 노래 가사가 "너는 누구지 / 대답해줘"로 시작해요. 이런 영어 인명의 의미까지 알고 있다니, 그룹 프로듀서가 참으로 넓고 깊은 지식의 소유자인 듯합니다.

다시 본론으로 돌아가, 재판에서 소송을 건 당사자가 익명이거나 불명일 때도 John Doe 혹은 Jane Doe라고 하며 피고의 이름이 불명일 때는 Richard Doe라고 합니다. 이러한 사실에서 John Doe나 Jane Doe는 보통 사람, 일반인이라는 의미로도 사용되기 시작했어요. The result of the election is up to John Doe(선거의 결과는 일반인 하기 나름이다)는 '일반인(의 부동표)에게 선거 결과가 달렸다'라는 뜻이에요.

물론 남성은 John, 여성은 Jane이라는 이름이 흔했기 때문에 생긴 표현으로, 미국에서 사용되는 John Q Public도 마찬가지로 보통 사람, 일반 시민을 의미해요. 이 말은 특히 정치나 언론계에서 자주 사용되는데요. This TV program is just for John Q Public(이 텔레비전 프로그램은 일반인을 대상으로 한다)과 같은 예가 있어요.

John에는 또 화장실(남성용)이라는 의미도 있어서 I want to go to the john이라고 하면 화장실에 가고 싶다는 뜻이에요.

서류에는 존 행콕을

John Hancock

미국 시카고에는 높이 457미터의 100층짜리 고층 빌딩인 존 행콕 센터가 있습니다. 이 건물의 이름은 미국의 정치가이자 독립선언서에 처음으로 서명한 인물로 알려진 존 행콕John Hancock*(1737~1793년)에서 따왔어요.

존 행콕은 독립선언서에 서명할 때 영국의 왕 조지 3세George III (1738~1820년)가 안경을 쓰지 않고도 읽을 수 있게끔 크고 굵은 글씨로 서명했어요. 그 이후로 John Hancock이 일반명사로 signature(서명, 사인)를 의미하게 되었지요. Please put your John Hancock here on this document(서류의 이곳에 사인해주세요)라고 사용할 수 있습니다.

* 미국 독립전쟁의 지도자였고, 초대 매사추세츠 주지사를 역임했어요.

187

슬픈 이별 편지   Dear John letter

John이 사용된 표현으로 Dear John letter도 있습니다. 여성이 연인이나 남편에게 이별을 고하는 편지를 의미해요. 제2차 세계대전 중 미국의 라디오 방송에는 전장의 병사에게 보낸 편지를 읽어주는 코너가 있었어요. 여기서 이별을 고하는 편지의 첫 부분이 'Dear John'으로 시작되는 경우가 많았던지라 사람들의 귓가에 자연스레 이 표현이 새겨졌던 거죠. 그리고 여성이 남성에게 보내는 이별 편지, 절연장이라는 의미가 생겨났습니다.

1953년에 미국에서 큰 인기를 끈 노래로 〈Dear John letter〉가 있습니다. 진 세퍼드Jean Shepard(1938~2016년)와 펄린 허스키Furlin Husky (1325~2011년)라는 여성과 남성 듀오가 노래한 컨트리송인데요. 여성이 전장으로 떠나 있는 병사에게 부친 이별 편지의 내용을 그대로 가사로 옮겼어요. "Dear John, 이 편지를 쓰자니 무척이나 가슴이 아프지만 저는 오늘 밤 다른 남자와 결혼합니다"로 시작해요. 그리고 뻔뻔하게도 "제 사진을 돌려주시겠어요? 남편이 갖고 싶어 해서요"로 이어져요. 그러다 한층 경악스러운 사실이 밝혀지죠. 결혼 상대가 바로 'your brother'라는, 잔혹하기 이를 데 없는 사실이요.

이 레코드는 1953년 7월에 발매됐어요. 제2차 세계대전이 끝나고 8년이 지났지만 이후로 발발한 한국전쟁이 딱 그달에 끝났죠. 아니, 정확하게 말하자면 휴전했을 뿐 현재까지도 여전히 그 상황이 이어지고 있어요. 이처럼 엄혹한 시대상 속에서 각기 조국과 전쟁터에 떨어져 있는 연인과 가족의 정서를 노래한 덕에 큰 인기를 얻었죠.

사실 이 노래에는 〈Forgive Me, John〉이라는 답가가 있어요. 마찬가지로 진 세퍼드와 펄린 허스키가 노래했으며 같은 해 9월에 발매되었어요. 즉 〈Dear John letter〉가 발표되고 2개월 후인 건데요. 이 노래에서는 "용서해줘요, 존! 나는 역시 당신의 brother를 사랑할 수 없어요. 당신만이 내가 사랑하는 단 한 사람. 당신과 sister-in-law(형수, 제수)가 아니라 아내로 재회하고 싶어요"라는 가사가 나오는데, 정말이지 제멋대로가 아닐 수 없네요.

필시 전쟁터에 나가 있는 John이 너무 불쌍하다는 원성을 받아 이러한 후속곡이 만들어진 것 같아요. 아니면 군인들의 사기에 악영향을 끼친다는 비판 때문에 앞선 곡의 잔인함을 누그러뜨리는 의미에서 이런 내용을 담지 않았을까 싶은데, 여러분의 생각은 어떤가요?

행복한 노부부

Darby and Joan

흔한 남자 이름이 John(존)이라면 여자 이름으로는 Joan(조앤)을 들 수 있습니다. 이 이름을 사용한 표현을 꼭 소개하고 싶어요. Darby and Joan은 화목한 노부부, 행복한 노년의 커플을 의미합니다. 1735년에 영국에서 발행된 잡지《The Gentleman's Magazine》에 실린 헨리 우드폴Henry Woodfall(1686~1747년)의 시에 두 이름이 등장해요.

Old Darby, with Joan by his side / You've often regarded with wonder / He's dropsical, she is sore-eyed / Yet they're ever uneasy asunder

나이 든 다비와 그 곁의 조앤 / 이따금 놀랍게 여겨지곤 했어 / 그는 퉁퉁 부었고 그녀도 눈이 부어올랐지 / 하지만 둘은 무슨 일이 있어도 떨어지려 하지 않아

이 시를 쓴 우드폴은 실제로 John Darby와 아내인 Joan이 경영했던 인쇄회사에서 근무했어요. 언제나 화목한 이 노부부의 모습에 감동을 받아 시를 썼다고 합니다. 그 이후로 Darby and Joan은 사이좋은 노부부의 대명사로 널리 퍼졌어요.

Darby와 Joan이 나이 든 부부라면 Jack and Jill은 젊은 연인의 대명사로 통합니다. 1937년에 미국에서 오스카 해머스타인 2세Oscar Hammerstein II(1895~1960년)와 제롬 컨Jerome Kern(1885~1945년)이라는 명콤비가 만들어낸 뮤지컬 곡〈The Folks Who Live on the Hill〉에는

다음과 같은 가사가 있어요.

> We'll sit and look at the same old view,/Just we two,/Darby and Joan who used to be Jack and Jill
> 우리는 자리에 앉아 예부터 변함없는 풍경을 바라보리라/우리 단둘이서/ 과거 잭과 질이었던 다비와 조앤이

마지막 구절을 보면 지금은 나이 든 화목한 부부가 예전에는 젊은 연인 사이였다는 가사를 네 명의 이름으로 효과적으로 전달하고 있어요. 과연 프로 작사가의 실력도 굉장하지만, 영어 가사를 이렇게 세련되게 표현할 수도 있다는 걸 보여주는 사례라 할 수 있습니다.

필요할 땐 언제든 — Johnny-on-the-spot

Johnny(조니)는 John의 애칭이지만 Johnny를 이름으로 쓰는 사람도 제법 많아요. 그래서인지 Johnny에도 신원을 알 수 없는 사람, 모르는 사람, 중요하지 않은 사람이라는 뉘앙스가 있습니다.

Johnny-come-lately는 최근에 온 사람, 나중에 온 사람, 최근에 (뭔가를) 시작한 사람, 신입을 가리키는데요. 다른 사람이 개척한 분야에 뒤늦게 끼어들어 얌체같이 성공을 거둔 사람이라는 부정적인 뉘앙스도 느껴집니다. 그와 별개로 I'm not exactly a Johnny-come-lately in this field(나는 이 분야에서는 신입이 아냐)라고 표현할 수 있어요.

Johnny-on-the-spot은 필요할 때면 달려와 주는 사람, 편리한 사람을 의미해요. 사귀는 사이는 아니지만 연락하면 언제든 달려와주는 편리한 이성을 두고 흔히 '어장 관리를 받는 물고기'라고도 하죠. 바로 이런 사람이 Johnny-on-the-spot인데, 여기에는 좀 다른 의미도 있어요. 언제나 기다렸다는 듯이 무엇이든 적극적으로 해내는 사람 또는 (긴급 상황에서) 재기를 발휘하는 사람이라는 긍정적인 의미도 담겨 있어요. A policeman always has to be a Johnny-on-the-spot은 '경찰관은 언제든 필요할 때 도움이 되는 존재여야만 한다'로 해석할 수 있죠.

Jones 역시 무척이나 흔한 성family name이기 때문에 the Jones는 평범한 가정을 의미합니다. 복수형인 the Joneses라는 단어에는 사회적 지위나 생활수준이 비슷한 이웃 사람이라는 뉘앙스가 있어요. 따라서 keep up with the Joneses는 '이웃 사람과 생활수준을 두고 겨루다', '최신 유행을 따라 허세를 부리다'를 뜻해요. 이 표현을 써서

I moved to another town, because I got tired of keeping up with the Joneses(나는 이웃에게 지지 않으려고 허세를 부리는 데 지쳐서 다른 동네로 이사를 갔다)라는 식으로 말할 수도 있습니다.

이 표현은 만화가 아서 모먼드Arthur R. Momand(1887~1987년)가 그린 《Keeping Up With the Joneses》라는 만화책의 제목에서 유래했어요. 처음에는 the Smiths로 하려고 했지만 어감이 더 좋아서 the Joneses로 바꾸었다고 합니다.

훔쳐보는 톰

Tom(톰) 역시 어디에서나 볼 법한 흔한 이름이지만 peeping Tom이라는 불명예스러운 표현이 있습니다. 훔쳐보는 사람, 조금 예스러운 표현으로 바꾸자면 관음증 환자라는 뜻이에요. 일설에 따르면 11세기 영국의 코번트리Coventry라는 곳에서는 백작이 무거운 세금을 부과해 주민들이 고통에 신음하고 있었습니다. 그 비통한 목소리를 들은 아내 고다이바Godiva가 남편에게 세금을 경감해달라고 부탁하자 남편은 "만약 그대가 알몸으로 백마를 타고 온 마을을 돌아다닌다면 세금을 낮춰주겠소"라고 조롱하듯 대답했어요. 부인은 마을 사람들에게 문을 잠그고 창문을 가려주겠다는 약속을 받은 후 남편의 말을 실행에 옮겼죠. 하지만 재봉사인 Tom은 유혹을 이기지 못해 고다이바의 알몸을 훔쳐보고 말았어요. 벌을 받은 Tom의 눈은 찌부러졌다고 합니다. 이후로 성적 흥미로 훔쳐보는 사람을 가리켜 Peeping Tom이라 부르기 시작했습니다.

참고로 벨기에의 초콜릿 브랜드 중에 *Godiva*가 있지요. 창업자가 고다이바 부인의 용기와 자애로운 정신에 감명을 받아 그 이름을 사용했다고 합니다. 벨기에 남부에서는 프랑스어를 사용하기 때문에 '고디바'로 읽지요.

Tom과 관련된 또 다른 표현을 소개하겠습니다. Tom, Dick and Harry는 '보통 사람'이라는 뜻이에요. Dick과 Harry 모두 평범한 이름이죠. 그래서 every Tom, Dick and Harry 혹은 any Tom, Dick and Harry는 모두, 아무나, 어중이떠중이라는 의미로 everyone을

가리킵니다. 예를 들어 They invited every Tom, Dick and Harry to the wedding party(그들은 누구든 가리지 않고 결혼 파티에 초대했다)나 Nowadays, every Tom, Dick and Harry goes to college(최근에는 아무나 대학에 간다)라는 식으로 사용할 수 있어요. 재미있고 편리한 표현이죠. 다만 두 번째 예문의 동사가 go가 아닌 goes라는 사실에 주목하세요. 주어는 every Tom, Dick and Harry로 every에 이어지는 명사는 단수로 취급하기 때문입니다.

시대에 뒤처진 사람 ⌇ Rip Van Winkle

우라시마 타로는 전래동화나 동요의 주인공으로 일본인에겐 익숙한 인물입니다. 물가에서 아이들에게 괴롭힘을 당하는 거북을 구해준 우라시마 타로는 답례를 하고 싶다는 거북의 말에 바닷속 용궁으로 안내를 받지요. 그곳에서 그는 용궁의 공주에게 온갖 진수성찬으로 환대를 받습니다. 즐거운 시간을 보내고 돌아가려는 그에게 공주는 보물 상자를 건네며 "절대 이 상자를 열어서는 안 됩니다"라고 말합니다. 원래 살던 지상으로 돌아가보니 모든 것이 변해 있었고, 보물 상자를 열자 연기가 피어오르며 우라시마 타로는 백발의 노인이 되고 말았어요. 용궁에서 지내는 사이에 수십 년의 세월이 지나 있었다는 이야기입니다.

미국에도 비슷한 이야기가 있어요. 작가 워싱턴 어빙 Washington Irving (1783~1859년)이 1819년에 발표한 《스케치북The Sketch Book》이라는 단편집에 실린 글에 Rip Van Winkle(립 밴 윙클)이라는 남자가 등장해요. 고래고래 소리를 지르며 잔소리를 해대는 아내에게 들들 볶이던 이 남자는 잠시 숨이라도 돌리고자 산으로 산책을 나갔어요. 날이 저물어 이제 그만 집으로 돌아가야겠다고 마음을 먹었을 때, 소인小人들과 마주쳐요. 그들과 함께 술잔을 기울이는 사이에 남자는 잠이 들었고 이튿날 아침에 산에서 내려와보니 마을은 딴판으로 바뀌어 있었어요. 남자는 20년이나 산속에서 잠들었던 거예요.

이 이야기에서 유래해 Rip Van Winkle은 '세상 물정을 모르는 시대에 뒤처진 사람'을 뜻하는 표현으로 자리를 잡았어요. He is a Rip Van Winkle은 '그는 시대에 뒤처진 사람이다'라는 뜻이에요. 혹은 '10년 만에

해외에서 본사로 돌아와보니 시대에 뒤처진 사람이 된 기분이었다'라
고 말하고 싶다면, I felt like a Rip Van Winkle when I went back to
our head office after 10 years overseas라고 할 수 있습니다.

홉슨의 선택

Hobson's choice

    말과 관련된 오래된 표현으로 Hobson's choice가 있습니다. 17세기 초 영국 케임브리지에 토마스 홉슨Thomas Hobson이라는 말 임대업을 하는 남자가 있었어요. 대학 근처여서 학생들이 너도나도 말을 빌리러 온 덕분에 사업은 무척이나 번성했죠. 말을 손님을 고를 수 있도록 했다간 인기 있는 말만 계속 빌려갈 테니, 홉슨은 마구간 입구에서 가장 가까운 말부터 순서대로 빌려주기로 했어요. 그 덕분에 특정한 말에 치우치지 않고 고르게 말을 빌려줄 수 있었죠. 이 이야기에서 유래해 선택의 여지가 있어 보이지만 사실은 이것저것 따질 수가 없는 상황을 가리켜 Hobson's choice라고 부르기 시작했어요. I didn't want to go to the New York office. It was a case of Hobson's choice(나는 뉴욕 지사로 전근을 가고 싶지 않았어요. 달리 선택의 여지가 없었던 거죠)처럼 사용할 수 있습니다.

    마찬가지로 영국에서 주로 쓰이는 말이지만 Bob's your uncle이라는 흥미로운 표현이 있어요. 19세기에 영국 수상 로버트 세실Robert Cecil(1830~1903년)은 조카인 아서 밸푸어Arthur Balfour(1848~1930년)를 아일랜드의 장관으로 임명했습니다. 밸푸어의 능력에 의문을 표하는 시선도 많았기에 대부분은 수상의 입김으로 장관이 되었다고 여겼죠. 이러한 비판 속에서 Bob's your uncle(밥은 네 삼촌이야)이라는 표현이 생겼어요. Bob은 로버트 세실을 가리킵니다. 다시 말해 '밥 삼촌이 있으니 어떻게든 되겠지', '걱정 마!' 하고 한껏 비아냥거리는 표현이에요.

    Bob's your uncle에는 또 다른 사용법이 있습니다. 예를 들어 여러분이 영국에 가서 길을 잃었다고 가정해볼게요. 행인에게 호텔로 돌아가는 길을 물어봤더니 "Go straight on until you reach the park, take the first right, and Bob's your uncle. You're there(공원에 도착할 때까지 이 길을 따라서 쭉 가다가 처음에 우회전하세요. 금방 찾을 거예요. 바로 거기니까요)"라고 대답했습니다. 여기서 Bob's your uncle은 빈정거리는 의미가 아니라 매우 쉽다는 뜻입니다. 다른 표현으로 바꿔보면 It's easy라고 할 수 있죠.

진짜 맥코이

the real McCoy

the real McCoy에서 McCoy(맥코이)는 성 family name 이죠. 그렇다면 '진짜 맥코이'란 무슨 말일까요? 어떻게 해서 생긴 표현일까요?

과거 미국에 Kid McCoy(키드 맥코이)라는 이름을 쓰는 강한 복서가 있었습니다. 많은 복서가 그의 실력과 인기에 편승하기 위해 McCoy라는 링네임 rimg name 을 썼는데, 급기야 누가 진짜인지 알기 어려워지자 진짜 맥코이를 the real McCoy라고 불러서 구별했다고 해요.

이런 이야기도 있습니다. 술집에서 어느 주정뱅이가 키드 맥코이에게 시비를 걸었어요. 다들 "그만두는 편이 좋아. 이 사람은 복서인 키드 맥코이니까"라며 말렸지만 주정뱅이는 믿지 않았죠. 폭언은 점점 심해졌고 인내심이 한계에 달한 맥코이가 펀치 한 방으로 주정뱅이를 쓰러뜨렸어요. 의식을 되찾은 남자는 "You're right, that's the real McCoy(당신 말이 맞았어. 진짜 맥코이였어)"라고 말했다고 해요.

19세기 스코틀랜드에서 세력을 떨쳤던 MacKay(맥카이) 가문에서 유래했다는 설도 있습니다. 당시 MacKay 가문은 둘로 나뉘어 어느 쪽이 정통 본가인지를 두고 항상 다툼을 벌였어요. 둘 다 자기가 the real MacKay(진짜 본가의 맥카이)라고 주장한 거죠.

여러 설이 있지만 인물이든 사물이든 수많은 것들 가운데 가짜가 아닌 진짜, 최고급품을 가리켜 the real McCoy라 부릅니다. 예를 들어서 In this restaurant, they serve delicious French cuisine, the real McCoy(이 레스토랑에서는 맛있는 프랑스 요리를 내줘. 본격적이지)처럼 표현할 수 있습니다.

속마음이 나와버렸네 — Freudian slip

사람 이름을 약간 비틀어서 동사로 만드는 경우도 있죠. 약간 어려운 단어지만 mesmerize는 '최면을 걸다', '유혹하다'라는 의미입니다. 이 단어는 18세기 오스트리아인 의사이자 최면요법의 선구자로 알려진 프란츠 메스머 Franz Anton Mesmer(1734~1815년)에게서 비롯됐어요.

메스머는 우주에 가득 찬 보이지 않는 자기와 전기가 인간의 신경이나 정신에 작용한다고 생각했습니다. 전기의 정상적인 흐름이 체내에서 방해를 받으면 질병이 발생한다며 손가락으로 환부를 문질러서 흐름을 원활하게 하는 치료법을 실시했죠.

그는 자신의 치료법을 발전시켜 환자들을 한방에 모아두고 영적인 의식을 치르기 시작했습니다. 환자가 마음이 안정되도록 방을 어둡게 하고 차분한 음악을 틀어놓은 뒤, 그들의 불안이나 고통에 대해 물으며 가차 없이 밀어붙였어요. 환자들은 간혹 의식을 잃거나 발작을 일으키기도 했죠.

많은 환자가 메스머를 찾으며 어느 정도는 성공을 거뒀지만 다른 의사나 학자들에게는 인정받지 못했습니다. 그래도 세계 최초로 정신의학의 문을 연 최면요법의 선구자로서 이후 지크문트 프로이트 Sigmund Freud(1856~1939년)의 사상에도 영향을 미쳤어요.

프로이트와 관련해 Freudian slip이라는 표현이 있습니다. Freudian이란 '프로이트의', '프로이트적인'이라는 형용사이며 slip은 말실수, 실언이라는 뜻의 명사이므로 '프로이트의 실언'이 됩니다.

사람은 저마다 많은 바람을 갖고 있지요. 그중에는 사회적 규범에

반하는 바람, 부모의 뜻에 어긋나는 바람, 자신에게 바람직하지 않은 바람도 있기 마련이고요. 이런 바람은 대부분 무의식 속에 가둬집니다. 그러나 억압된 감정은 항상 배출구를 찾고 있기에 예상치 못한 때 표출됩니다. 프로이트는 이처럼 억압된 감정이 지나치게 강해지면 정신적으로 지장이 생긴다고 생각했어요.

프로이트의 실언에 관한 유명한 이야기가 있습니다. 어느 회의가 시작될 때 사회자가 "회의를 '폐회'하겠습니다"라고 말실수를 했습니다. 곧바로 '개회'라고 정정해서 무마했지만 프로이트는 회의가 끝난 후 왜 그런 실수를 했느냐고 사회자에게 물었어요. 그러자 사회자는 "실은 빨리 돌아가고 싶었거든요"라고 대답했습니다. 이를 계기로 프로이트는 말실수에는 무의식 속에 감춰진 심층심리가 반영된다고 생각하게 되었어요. 이것이 바로 Freudian slip입니다.

지금까지 사람 이름이 다양한 의미나 뉘앙스를 지닌 사례를 소개했는데, 그 외에도 성경에 등장하는 인물, 역사 속 인물, 가공의 인물 등 이름에서 유래하는 영어 표현은 무척 많습니다. 이러한 표현은 영국이나 미국의 문화를 매우 잘 이해하거나 그 안에서 생활하지 않고서는 좀처럼 이해하기 힘들 수 있는데, 이처럼 흥미로운 영어의 세계가 존재한다는 사실을 꼭 알아주면 좋겠습니다.

지명 표현

Famous Places

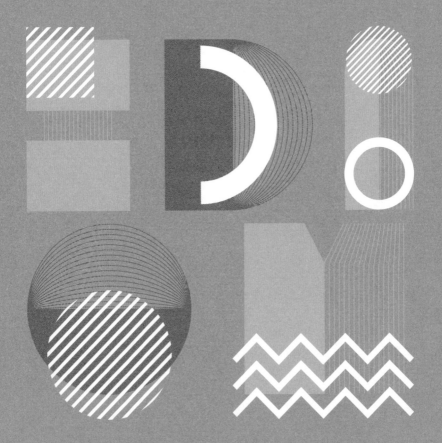

터키와 칠면조

Turkey & turkey

japan이 '옻칠'을 뜻한다는 걸 배우고는 꽤나 놀랐습니다. 15~16세기에 일본을 찾아온 서양인이 일본 특유의 옻칠이나 칠기를 japan이라 불렀다거나 옻칠로 문양을 그린 후 금, 은, 주석 가루를 뿌린 칠기가 유럽에 전래되고 기독교의 제기로 사용되면서 japan이라 불리기 시작했다는 설이 있습니다. 한편 china는 '도자기'를 가리키는 단어로 중국에서 이슬람 문화권이나 유럽으로 도자기가 수출되었기 때문에 이러한 이름이 붙게 되었죠.

지명이 다른 뜻으로도 사용되는 사례를 생각해보니 그 외에도 Turkey(터키, 지금의 튀르키예)와 turkey(칠면조)가 있습니다. 칠면조는 북미에 널리 서식하는 새로, 아메리카 대륙으로 건너온 청교도가 처음으로 맞는 Thanksgiving Day(추수감사절)에 칠면조 고기를 먹은 이래로 지금까지 이 풍습이 이어지고 있지요.

미국과 터키는 멀리 떨어져 있습니다. 그래서 저는 이 두 단어가 아무런 연관이 없고 그저 우연의 일치라고 생각했죠. 하지만 여기저기 조사해보니 무척 깊은 관련이 있었습니다. 아프리카에서 서식했던 '호로새'는 과거 오스만 제국(오스만투르크)이 지배했던 북아프리카 트리폴리Tripoli를 거쳐 터키인 상인에 의해 유럽으로 유입되었습니다. 이러한 연유로 호로새를 turkey라고 부르기 시작했죠. 그리고 아메리카 대륙으로 건너간 유럽인들은 호로새와 무척 비슷하게 생긴 칠면조를 turkey라고 불렀는데요. 바로 여기서 터키와 칠면조의 관계가 생겨났습니다.

감자튀김은 프랑스 요리?   french fries

달걀과 우유를 섞어서 빵에 입힌 후, 이것을 프라이팬에 구운 요리를 French toast(프렌치토스트)라고 하죠. 4, 5세기에 유럽에서 만들어졌다는 기록이 남아 있습니다. 이후 주로 프랑스에서 미국, 캐나다로 이주한 사람들이 다양하게 변형해서 먹었다고 해요.

French가 들어가는 음식으로는 French fries(프렌치프라이)가 있어요. 흔히 '프라이드 포테이토'라고 부르지만 미국에서는 그렇게 쓰지 않고 프렌치프라이, 혹은 프렌치프라이드 포테이토라고 합니다. French fries의 French를 미국인 중에서도 '프랑스의'라는 뜻으로 아는 사람이 많습니다. 실제로 2003년 이라크 전쟁 당시, 미국을 비판하는 프랑스에 항의하는 뜻으로 일부 레스토랑에서 French fries를 Freedom fries(자유 프라이)라고 이름을 바꾼 일이 있었어요.

하지만 French fries는 국가 이름 France가 아니라 요리 용어로 '길쭉하게 썰다'라는 뜻의 동사 french에서 유래했어요. 다시 말해 감자를 길쭉하게 썰어서 기름에 튀긴 음식인 셈이죠. 이 이야기를 미국인 친구에게 들려주니 무척이나 놀라워했어요. 예순이 다 되었는데 지금까지 알던 모든 것이 흔들릴 정도의 충격을 받았다고 하더군요.

비틀스의 노르웨이 가구 (Norwegian Wood

Norway(노르웨이)는 나라와 국민, 언어를 부르는 방식이 무척 재미 있습니다. 정식 국가명은 the Kingdom of Norway지만 '노르웨이의', '노르웨이인(의)', '노르웨이어(의)'는 Norwegian입니다. 발음을 그대로 옮겨보면 '노르위전'이 되죠.

저는 노르웨이 하면 비틀스의 명곡 〈Norwegian Wood〉가 떠올라요. 일본에선 〈노르웨이의 숲〉으로 알려졌는데, 무라카미 하루키가 쓴 동명의 소설 속 처음과 마지막 장면에서 이 곡이 나옵니다.

하지만 비틀스 마니아라면 〈노르웨이의 숲〉이 오역이라는 것을 알수 있을 거예요. 사실 정확하게 해석하면 〈노르웨이의 가구〉랍니다. 만약 '숲'이었다면 woods라고 표현해야 맞고요.

이 곡의 가사는 무척 난해한데, 해석이 분분하다 보니 비틀스 마니아들 사이에서 영원한 수수께끼로 남아 있습니다. 여러 해석 중 하나로, 영국에서는 가난한 노동자 계급이 거주하는 아파트에 질 나쁜 노르웨이산 가구가 놓여 있고, 저렴한 노르웨이산 목재로 내부를 꾸미는 경우가 많은데, 이런 방에서 사는 가난한 연인을 노래한 곡이라는 이야기도 있어요.

그와 별개로 만약 곡 제목이 〈노르웨이 가구〉로 제대로 알려졌어도 과연 무라카미 하루키의 명저가 탄생할 수 있었을까 하는 생각도 자주 들어요.

동사 상하이의 뜻은

shanghai

Shanghai는 상하이上海, 중국 동부 양쯔강 하구 근처의 거대 항만도시를 가리킵니다. 그런데 이제는 많이 쓰이지 않지만 첫 글자 s를 소문자로 바꿔서 shanghai라는 동사로 사용하면 '유괴해서 배로 데려가다'라는 무시무시한 의미로 바뀝니다.

19세기에는 선원을 모으기 위한 강제 모집대가 활동했는데, 이들의 수법이 무척이나 교묘했어요. 항구도시를 샅샅이 뒤지고 돌아다니다가 선원으로 부리기 좋은 건강한 청년을 발견하면 함께 술을 마시거나 마약을 피우며 친분을 쌓았죠. 그러다 청년이 인사불성이 되면 억지로 배에 태웠어요.

정신을 차린 청년이 육지로 보내달라고 소리쳐봐야 때는 늦었죠. 이미 배는 항구를 출발한 뒤니까요. 특히 상하이로 가는 배의 선원을 이런 식으로 긁어모았다 하여 shanghai(유괴하다, 납치하다)라는 동사가 생겼습니다. kidnap(유괴하다)과 똑같은 말이에요. 참고로 동사 shanghai의 과거형과 과거분사는 -ed가 붙은 shanghaied입니다.

지금은 중국을 대표하는 대도시로 거듭난 상하이에는 불명예스러운 말이기에 꼭 소개해야 하나 싶기도 했지만, 이미 사라져가는 과거의 말이기도 하니 멸종위기종을 보호하자는 뜻에서 굳이 실어보았어요.

뉴캐슬에 석탄을 보내다   carry coals to Newcastle

주로 영국에서 사용되는 표현으로 '큰 성공을 거두다', '(사람들을) 놀라게 하다'라는 뜻으로 set the Thames on fire(템스강에 불을 놓다)라는 말이 있습니다. Her performance didn't set the Thames on fire, but the audience enjoyed it(그녀의 연기가 대성공을 거두지는 않았지만 관객은 그 연기에 크게 즐거워했다)처럼 사용할 수 있어요. 미국에서는 the Thames를 the world로 바꿔서 set the world on fire로 씁니다.

영국에서 쓰이는 속담 중에 carry coals to Newcastle(뉴캐슬로 석탄을 운반하다)도 있어요. Newcastle은 영국 북부에 자리한 석탄 산지였죠. 그런 곳에 석탄을 보내봐야 말짱 헛일이므로 '쓸데없는 고생을 하다'라는 의미입니다.

제게도 이런 경험이 있습니다. 학창 시절 친구가 나가노현에서 포도 농사를 지어서 해마다 여름부터 가을이면 포도를 주문해 맛있게 먹었어요. 그러던 어느 날, 일 관계로 크게 신세를 진 사람이 있어서 포도를 직송으로 보냈죠. 그런데 그 사람이 포도로 유명한 야마나시현의 가쓰누마勝沼 출신이라는 사실을 뒤늦게 깨달았어요. 그야말로 carry coals to Newcastle이 아닌 send grapes to Katsunuma였던 셈이죠. 어쩌면 '헛수고를 하다'라기보다는 '창피를 당하다'라고 보는 편이 맞을 것 같군요.

carry coals to Newcastle에는 '부처님한테 설법하기'라는 뜻도 있습니다. 예를 들어 Telling a doctor how to cure a cold is like carrying coals to Newcastle은 '의사한테 감기 치료법을 알려주다니, 부처님한테

설법하는 격이다'라는 뜻입니다.

코번트리는 영국의 거의 중앙에 위치한 도시입니다. send a person to Coventry(사람을 코번트리에 보내다)란 '타인과의 교제를 끊다', '타인과 교제할 수 있는 사회에서 추방하다'라는 뜻이에요. 과거 코번트리 주민은 군인을 무척이나 싫어해서 군대와 일반 시민 사이에 전혀 교류가 없었어요. 따라서 군인이 이 도시로 보내진다는 말은 '사람과의 교제를 끊다'라는 뜻이었죠.

또 17세기 영국에서 내란이 벌어졌을 때, 감당할 수 없어진 왕당파의 포로를 코번트리로 보냈던 사실에서 유래했다는 설도 있습니다. 코번트리는 의회파의 거점으로 왕당파에 대한 반발이 강했기 때문에 그들은 냉담한 대우를 받았고, 주민과 교류하기도 어려웠다고 해요.

그런데 코번트리라는 도시가 〈인명 표현〉 장에서 등장했다는 사실을 혹시 기억하나요? 바로 Peeping Tom(관음증 환자)이라는 단어가 탄생한 도시랍니다.(p.194)

의심 많은 미주리주

미국에는 from Missouri라는 표현이 있습니다. '의심이 많다', '증명하지 못한다면 믿지 않겠다'라는 뜻이에요. 예를 들어 친구가 "I got a perfect score on the math test(나는 수학 시험에서 만점을 받았어)"라고 말했을 때, 그 말이 믿기지 않으면 "Come on, I'm from Missouri(말도 안 돼. 믿을 수 없어)"라고 대답할 수 있어요.

이 표현은 1899년 미국 미주리주에서 선출된 윌러드 밴다이버 Willard Vandiver(1854~1932년) 하원의원이 이렇게 연설한 데서 유래했어요.

I come from a country that raises corn and cotton, cockleburs and Democrats, and frothy eloquence neither convinces nor satisfies me. I'm from Missouri, and you have got to show me.
저는 옥수수와 목화, 도꼬마리*와 민주당원을 키우는 주에서 왔습니다. 번지르르한 말만으로는 저를 납득시키고 만족시킬 수 없습니다. 저는 미주리주 출신입니다. 증거를 보여주세요.

미주리주는 착실하게 농작물을 키우는 사람이 많기 때문에 무척이나 현실적이에요. 윌러드 밴다이버는 탁상공론은 통하지 않으며, 확실한 증거 없이는 믿지 않겠다는 뜻으로 미주리주 출신임을 강조했죠. 그리고 이 연설로 미주리주는 'The Show Me State'라는 별명으로 불리게 되었습니다.

* 국화과에 속하는 한해살이 풀의 한 종류입니다.

쩨쩨한 네덜란드

Dutch treat

네덜란드는 영어로 the Netherlands 혹은 Holland로, 네덜란드어로는 '낮은 땅'이라는 뜻입니다. 북해와 면한 저지대를 부르는 명칭이 그대로 국가 명칭으로 정착되었죠. 일본의 소설가 시바 료타로司馬遼太郎(1923~1996년)는 《네덜란드 기행オランダ紀行》에서 Netherlands의 nether라는 단어에 강한 집착을 보이며 이런 글을 남겼어요.

"단순히 낮다는 뜻이라면 다른 표현도 있을 텐데, 사전에 실린 어감만 놓고 볼 때 nether(네덜란드어로는 neder)는 지나치게 깎아내린다는 느낌입니다. 영어사전에 nether는 '땅속에 있다고 여겨지는 지옥'이나 '저승'이라고 나와 있습니다. 그런데도 네덜란드인은 아무렇지도 않아 합니다."

또 다른 국가명인 Holland는 네덜란드를 구성하는 주 중 하나인 홀란드주에서 유래해요. 이 지역이 외국과의 전쟁에서 큰 활약을 펼쳐서 국가 전체의 속칭으로 자리 잡은 거죠.

'네덜란드의', '네덜란드인(의)', '네덜란드어(의)'는 Dutch인데, 영어에 무척이나 빈번하게 등장하는 단어예요. Dutch treat(각자 부담), go Dutch(각자 부담하다) 등이 있습니다. 또 Dutch auction은 역경매라는 뜻이에요. 일반 경매와는 반대로, 먼저 실제 가격보다 높은 가격을 제시한 후 구매할 사람이 나올 때까지 가격을 낮추는 경매 방법입니다. 참으로 쩨쩨하게 느껴지는데요. Dutch generosity(네덜란드적 관용)가 '인색함'이라는 뜻이니 별 수 없는 일인 듯합니다.

술과 관련된 말도 많습니다. Dutch headache(네덜란드인의 두통)는

hangover 다시 말해 숙취를 의미하며, Dutch concert(네덜란드인의 콘서트)는 주정뱅이의 난동, Dutch courage는 술김에 부리는 객기를 뜻해요. Dutch bargain은 술자리에서 체결하는 매매 계약으로, 둘 중에서 한쪽만 이득을 보는 계약을 의미하죠. 먼저 인사불성이 된 쪽이 사리 분간을 못 하게 되어 속아 넘어가기 때문이에요.

그리고 Dutch roll은 항공기의 기체가 흔들려서 반복적으로 기우뚱거리는 현상을 가리킵니다. 네덜란드인 병사가 행진할 때면 모두가 잔뜩 취해서 이리저리 비틀거린다는 말에서 유래했습니다.

Dutch에는 '속임수', '무책임한', '매너가 나쁜' 등의 뉘앙스도 있습니다. Dutch gold는 Dutch metal이라고도 하는데, 구리와 아연의 합금으로 만드는 가짜 금박을 가리켜요. Dutch leave(네덜란드인의 작별)는 무단이탈 혹은 빚을 갚지 않고 도주하기를 뜻합니다. French leave라고도 하는데요. 18세기 프랑스에서는 손님이 주인에게 인사도 하지 않은 채 가버리는 습관이 있었다 하여 생긴 말인데, 네덜란드인에게서도 이런 무례한 태도가 자주 눈에 띄었나 봅니다.

If ···, I am a Dutchman이라는 표현도 있습니다. If 뒤에는 진실이 아닌 내용이 이어지죠. 예를 들어 '이 생선은 틀림없이 썩었어!'라고 주장하고 싶을 때는 If this fish is fresh, I am a Dutchman(만약 이 생선이 신선하다면 나는 네덜란드인이다)이라고 말할 수 있습니다. 표현이 너무 지나치다 싶어서 네덜란드인이 가엾게 느껴지다가도 Dutch uncle이라는 표현을 보면 꼭 그렇지만도 않겠다는 생각이 들어요. talk to a person like a Dutch uncle(네덜란드인 삼촌처럼 말하다)은 '심하게 꾸짖다', '타이르다'를 의미해요. 보통은 조카를 엄하게 혼내지 않지만 네덜란드에서는 그렇지 않나 봐요. 옛날에는 자기 자식뿐만 아니라 이웃집 아이도 확실하게 꾸짖는 무서운 아저씨들, 바로 Dutch uncle이 있었죠. 세상에는 그리고 인생에는 이런 사람이 꼭 필요한 법입니다.

횡설수설   double Dutch

Dutch를 사용한 표현을 좀 더 소개하겠습니다. 줄넘기를 할 때 둘이서 두 개의 줄을 빠르게 돌리고 다른 사람이 들어와서 뛰어넘는 것을 Double Dutch(더블더치)라고 합니다. 첫 글자를 소문자로 바꾼 double Dutch는 횡설수설, 도무지 이해할 수 없는 것을 뜻해요. His speech was double Dutch to me(그의 연설은 나로서는 이해할 수 없었다)라는 식으로 쓸 수 있어요.

횡설수설을 뜻하는 또 다른 유명한 단어가 있죠. 많이들 아는 Greek 예요. '그리스어(의)', '그리스의', '그리스인(의)'라는 의미와 함께 '도무지 무슨 말인지 모르겠다'라는 뜻이 있어요. 셰익스피어가 쓴 《줄리어스 시저 Julius Caesar》에 나오는 'It was Greek to me(그것은 내게 그리스어다)'라는 표현에서 나온 것으로, 당시 그리스어는 교양어여서 일반 시민은 알아듣지 못했기 때문에 이런 의미가 생겼어요.

지금까지 네덜란드인에 관해 꽤나 지독한 표현을 소개했습니다. 그런데 네덜란드인이 정말로 그럴까요? 조금은 걸러서 들을 필요가 있을 것 같아요. 왜냐하면 네덜란드와 잉글랜드는 17세기 후반부터 18세기에 걸쳐 네 번이나 전쟁*을 벌인, 그야말로 견원지간이었기 때문이에요.

두 나라는 극동 아시아에서도 패권을 두고 다퉜어요. 1600년에 영국 동인도회사가 설립되고 2년 후에는 네덜란드 동인도회사가 탄생했죠. 일본까지 진출해 포르투갈과 스페인을 몰아낸 네덜란드는 쇄국시대였던 일본에서도 유럽 국가들

* 영국-네덜란드 전쟁, 영란^{英蘭} 전쟁이라고 합니다.

214

중 유일하게 나가사키의 데지마*에서 교역을 허가받았을 정도였어요. 결국 영국 동인도회사는 동아시아나 동남아시아와의 교역을 단념하고 인도에 전념할 수밖에 없었죠.

> * 1636년에 건설된 인공섬으로, 일본이 쇄국정책을 펼치던 시기에 유일하게 서양과의 교류가 허용된 곳이었어요.

Dutch가 여러 영어 표현에서 부정적인 뜻으로 사용되는 이유에는 네덜란드인에 대한 영국인의 원한, 울분, 적대의식이 있지 않을까요?

네덜란드는 다른 국가에서 사상이나 신념의 자유를 침해당하고 박해받은 많은 사람을 받아들인 관용의 국가입니다. 15~16세기 일본이 내린 기독교 포교 금지령을 즉각적으로 받아들인 나라이기도 해요. 유연하면서도 매끄러운 사고방식을 엿볼 수 있죠. 수도인 암스테르담을 찾아가보면 교회 바로 옆에 정부가 공인한 홍등가가 있고, 마약도 합법이며 동성 결혼도 허용됩니다.

물론 네덜란드인이라고 뭉뚱그려 말하지만 그 안에도 다양한 사람이 있을 테니 딱 잘라 단정해서는 안 되겠지요. 하지만 일반적으로 네덜란드인은 본심에 충실하게 살아가는 사람들이 아닐까요. 저는 Dutch를 사용한 여러 표현을 통해서 모험심과 자유분방함으로 가득한 네덜란드인의 모습을 만날 수 있었습니다.

숫자 표현

Number Phrases

집중의 제로

> zero in on

zero를 동사로도 쓴다는 사실을 알고 있나요? zero in은 '총의 조준을 맞추다', '목표를 정하다'라는 뜻이에요. zero in on은 '표적을 좁히다', '집중하다'로, My son zeroed in on the new computer game은 '아들은 새 컴퓨터 게임에 푹 빠졌다'라는 의미예요. 같은 표현으로 concentrate on이나 focus on, center on이 있습니다.

속어 zero out은 '삭제하다', '파산하다', '완전히 실패하다'라는 뜻이에요. '절세해서 세금을 내지 않고 넘어가다'라는 의미로도 쓰입니다.

테니스에서는 0점을 'love(러브)'라고 합니다. 본래 테니스는 프랑스에서 시작됐죠. 숫자 0이 달걀처럼 생겼다는 이유로 프랑스어에서는 달걀을 뜻하는 *l'œuf*(뢰프)로 불렸어요. 테니스가 영국으로 퍼지면서 '뢰프'에서 '러브'로 발음이 바뀌었다고 하는데, 유명한 이야기라 많이들 알 겁니다.

하지만 영어 egg(달걀)도 0을 의미한다는 사실을 아는 사람은 많지 않을 거예요. '달걀을 낳다'가 영어로 lay an egg인데, egg가 동그랗게 생겼기 때문에 lay an egg는 '0을 낳다', 다시 말해 '무無로 돌아가다'를 의미해요. 여기서 '공연 등이 크게 실패하다', '개그 따위가 관객에게 전혀 호응을 얻지 못하다'라는 의미로 확장됐어요.

영어로 무無는 nothing이지만, nil이라고도 합니다. 노동조합이 회사에 연봉 인상 등을 요구했는데 전혀 개선되지 않고 이렇다 할 대답을 얻어내지 못했을 때 영어에서는 nil return이라는 표현을 씁니다. 또한 스포츠에서 점수를 가리킬 때도 쓰이는데, 야구를 예로 들자면 The

Giants won the game three to nil(자이언츠가 3대 0으로 이겼다)이라는 식으로 표현할 수 있습니다.

무효, 무효!

null and void

'0(으로 만들다)', '무효(로 하다)'를 의미하는 단어로 null이 있습니다. null은 법률이나 계약과 관련해 종종 null and void라는 관용구로 쓰이는데 '무효의'라는 뜻이에요. null, void 모두 '무효의'라는 뜻이므로 같은 뜻을 가진 두 단어가 반복된 셈이에요.

법률 용어가 이처럼 엄격하고 철저한 이유로, 전쟁이 숱하게 벌어졌던 중세 유럽에서는 점령하거나 점령당하는 일이 빈번하게 일어났기 때문이라는 설이 있습니다. 따라서 엄밀성이 요구되는 법률 용어는 동일한 의미를 지닌 단어를 중첩시키거나 상류층 언어와 서민이 쓰는 언어를 붙여서 누구나 이해할 수 있게끔 명확하게 나타내야만 했어요. 예를 들어 법률 용어에서 소유권을 lands and tenements라고 부르기도 하는데, 이는 영어와 옛 프랑스어가 중복된 표현이에요. will and testament(유언) 역시 영어와 라틴어의 조합이에요. null과 void는 둘 다 라틴어에서 유래했지만 본래 null은 0(제로), void는 공허라는 의미가 강했습니다.

참고로 '유효한'은 valid이지만 훨씬 간단한 표현이 있어요. 바로 good인데요. 일상회화에서는 This ticket is good(이 표는 유효하다)처럼 쓸 수 있어요. 그랜드캐니언 국립공원에 갔을 때 입구에서 공원 관리인에게 표를 건네받으며 "This ticket is good for three days(이 표는 3일 동안 유효합니다)"라는 말을 들었던 일이 지금도 생생해요. valid처럼 어려운 단어를 쓰지 않더라도 이렇게 간단한 단어만 알면 충분히 대화를 나눌 수 있어요.

그라운드 제로의 기억

ground zero

ground zero는 본래 시작, 출발점이라는 의미였습니다. 그러다 나가사키와 히로시마의 원자폭탄 투하 지역을 의미하게 되었고, 2001년 9월 11일 미국 동시다발 테러사건으로 파괴된 뉴욕의 세계무역센터 빌딩 터를 의미하는 말로도 사용되기 시작했어요.

저는 딱 한 번이지만 세계무역센터 빌딩 꼭대기와 옥상까지 올라가 본 적이 있습니다. 방문객용 엘리베이터는 오전 10시부터 가동된다 하여 친구와 함께 9시에 찾아갔더니 이미 10여 미터의 긴 행렬이 늘어서 있었어요. 10시가 되었지만 줄은 줄어들 줄을 몰랐죠. 한 사람 한 사람 꼼꼼하게 금속 탐지기로 검사하고 가방 안까지 엄중하게 확인했기 때문이에요. 간신히 엘리베이터에 오르니 이미 30분이 지나 있더군요.

최상층에 도착해보니 전망대 겸 카페 레스토랑으로 꾸며져 있어서 커피를 마셨어요. 함께 간 친구는 "역시 맨해튼은 지진이 일어나질 않으니 이런 빌딩도 지을 수 있는 건가 봐"라고 말했어요. 저는 "만약 불이 나면 어떻게 대피해야 할까"라고 대답했어요. 엘리베이터를 타는 데 그렇게나 시간이 걸렸는데, 많은 사람이 한꺼번에 몰려들면 대체 무슨 일이 벌어질지 걱정됐죠.

계단이 어디에 있을까 싶어 찾아봤지만 쉽사리 눈에 띄지 않았어요. 불이 나면 스프링클러가 작동해서 불을 끌 테고, 이는 해당 층에 국한된 문제니 빌딩 전체로 번지지는 않을 거란 전제로 설계했을 거예요.

저는 고소공포증이 있었지만 친구가 하도 권하기에 마지못해 옥상으로 올라갔는데 상상했던 것보다 훨씬 좁았어요. 게다가 철망은 고사하고 낮은 울타리뿐이었기에 옥상 한가운데에 서 있기만 해도 다리가 후들거렸죠.

그리고 한참의 시간이 흘러 2001년 9월 11일, 업무를 마치고 일찍 귀가한 저는 비행기가 세계무역센터 빌딩을 들이받는 장면을 텔레비전 생중계 화면으로 봤어요. 과거에 그 건물에 올라갔던 적이 있었던지라 너무나 두려웠어요. '아침이지만 셀 수 없을 정도로 많은 사람이 일을 하고 있어. 엘리베이터는 사용할 수 없을 테니 계단을 이용해 지상까지 내려가야 할까?' 그런 생각을 하고 있는데 느닷없이 빌딩이 무너지기 시작했어요. 지진이나 화재가 아니라 이런 식으로 세계무역센터 빌딩이 무너지다니, 이보다 더 예상이 불가능한 일은 없을 거예요.

얻는 사람과 잃는 사람　Zero-sum society

　zero-sum game이란 말이 있죠. zero sum은 여러 사람이 점수를 얻고자 경쟁할 때, 모든 득점과 실점의 합계가 항상 0이 되는 상황을 가리킵니다. 누군가가 이득을 보려면 누군가는 손해를 봐야 한다는 뜻이죠.

　1980년대 초 미국의 경영학자 레스터 서로Lester Thurow(1938~2016년)가 쓴《제로섬 사회The Zero-sum Society》가 호평을 받았어요. 그전에 영국에는 the greatest happiness of the greatest number(최대 다수의 최대 행복)라는 공리주의적 경제이론이 존재했어요. 제러미 벤담Jeremy Bentham(1748~1832년)이 주장한 '개개인의 생활 목표는 행복이며 사회 전체의 행복은 최대 다수가 그 행복을 향유하는 것이다'라는 사상이었죠. 또한 자유방임주의 경제이론도 있었어요. 애덤 스미스Adam Smith(1723~1790년)가《국부론The Wealth of Nations》에서 '개개인이 자유롭게 이익을 추구하고 경쟁한다면 사회 전체가 보이지 않는 손invisible hand에 의해 발전한다'고 주장했죠.

　하지만 경제가 고도로 발달하고 사회가 복잡해진 현대에서는 많은 사람이 이익을 누리기 어려워졌습니다. 누군가가 이익을 얻을 때 다른 누군가는 손실을 입게 되는 사회가 Zero-sum society예요. 한쪽이 떠오르면 다른 쪽이 가라앉는 경우가 너무나도 많아진 것이죠.

　현대사회의 문제 대부분은 이러한 상황에서 발생해요. 정치로 이 문제를 근본적으로 해결하고 싶어도 대담한 정책을 펼치지 못해요. 맹렬한 반대파가 있을 수밖에 없어서죠. 그래서 이도 저도 아닌 온건책을 취할 수밖에 없는데요. 환경문제나 탈원전 문제를 보면 이러한 경향이 점점 더 심해지고 있습니다.

한편 zero to hero(0에서 영웅으로)는 '낙오자에서 갑자기 성공하다', '갑자기 인기를 얻다'라는 뜻입니다. 반대로 from hero to zero는 '영웅에서 평범한 사람이 되다', '안락한 삶에서 비참한 삶으로 추락하다'인데요. In just one week he went from hero to zero(고작 일주일 만에 그는 영웅에서 평범한 사람으로 추락했다)처럼 쓸 수 있어요.

큰 거, 작은 거

number one, number two

number one이 1등을 뜻한다는 건 누구나 알 겁니다. 그런데 아기들이 쓰는 말 중에 number one, number two라는 표현이 있다는 사실을 최근에야 알았어요. 각각 pee / wee-wee, poo라고도 합니다. '쉬야'와 '응가'를 가리키는 말인데요. 미국인에게 왜 그렇게 숫자로 부르는지, 왜 one과 two인지 물어봤어요. 그는 "딱히 확실한 근거는 없어"라고 대답하고 잠시 고민하더니 "이건 내 생각인데…" 하며 설명해줬습니다.

보통 우리 주변에서 아이가 "화장실!" 하고 말하면 엄마는 "큰 거야? 아니면 작은 거?"라고 묻지요. 아무리 엄마라도 남들 앞에서 "쉬야?", "응가?"라고 물어보기는 민망할 테니까요. 미국도 마찬가지라서 '큰 거'와 '작은 거'를 영어로 편의상 number one, number two라는 식으로 에둘러 표현하는 것이 아니겠냐는 것이 그의 해석이었습니다.

영화 <람보>

실베스터 스탤론Sylvester Stallone이 주연을 맡은 영화 〈람보〉를 보신 분이 계시겠죠. 주인공 이름이 람보이니 원제 역시 당연히 'Rambo'일 줄 알았는데 아니었어요. 원제는 〈First Blood〉였습니다. 일본판 제목을 〈람보〉로 정한 이유는 주인공 이름과 '난폭하다'는 일본어가 비슷하기 때문이었겠죠(일본어로 난폭亂暴을 '란보'라고 발음합니다-옮긴이).

first blood는 최초의 일격, 선제공격, 선취를 뜻하는데, 원래 복싱에서는 최초의 출혈을 의미합니다.

이 영화가 일본에서 큰 성공을 거두고 미국에서도 '람보'가 제목이 받아들여지면서 이후 시리즈 제목은 〈Rambo〉로 자리를 잡았습니다. 그리고 2편의 제목은 〈Rambo: First Blood Part II〉*, 3편은 〈Rambo III〉**, 4편은 간단하게 〈Rambo〉였어요. 처음 일본판 제목과 똑같아진 셈이죠. 하지만 정작 4편의 일본판 제목은 〈람보-최후의 전장〉이었습니다.

* 일본판 제목은 〈람보-분노의 탈출〉입니다.

** 일본판 제목은 〈람보3-분노의 아프간〉입니다.

당연한 사실

two and two make four

two times는 두 번 혹은 두 배라는 의미죠. 그런데 two-time이 동사로 쓰이면 놀랍게도 '배우자나 애인을 배신하다', '부정을 저지르다', '양다리를 걸치다'를 뜻합니다. Her husband was two-timing her는 '그녀의 남편은 그녀를 배신하고 불륜을 저질렀다'입니다.

two and two make four는 당연히 '2 더하기 2는 4가 된다', '2+2=4'라는 뜻이지만, '사실이나 근거로 판단한 당연한 결과·결론'이라는 의미도 있습니다.

비슷한 표현으로 put two and two together(2와 2를 더하다)는 '여러 증거나 정보를 대조해 올바른 결론에 도달하다', '손에 넣은 정보를 통해 판단하다'는 뜻입니다. 예를 들어 She put two and two together and realized that he was lying은 '그녀는 확고한 증거를 통해 판단한 결과 그가 거짓말을 하고 있음을 깨달았다'로 해석할 수 있어요.

put two and two together and make five(2 더하기 2는 4인데 5라는 답을 내려버리다)는 '어떠한 정보를 통해 그릇된 결론에 도달하다'라는 의미예요. 예를 들어 My husband got transferred to New York, and my neighbors thought we'd divorced. I guess they put two and two together and made five(남편이 뉴욕으로 전근을 갔기 때문에 이웃들은 우리가 이혼한 줄 아는 모양이에요. 잘못 생각한 거죠.)와 같이 쓸 수 있습니다.

second를 사용한 대표적인 표현으로는 〈인체 표현〉 장에서 소개한 secondhand(p.114)가 있어요. second best는 최근 자주 사용되니 꼭 기억해두면 좋습니다. '차선(의 인물, 물건)', '두 번째로 좋은'을 가리키는 말로, second-best solution은 차선책입니다. 그 외에도 second-best에는 '이류(의)', '다소 뒤떨어지다'라는 뜻도 있으니 문맥을 잘 파악해야 해요.

second thought(s)는 제2의 생각, 재고再考입니다. I'm having second thoughts about marriage는 '나는 결혼을 망설이고 있다' 혹은 '결혼을 다시 생각하는 중이다'라는 뜻입니다. 그리고 on second thought는 '다시 생각한 결과'로, I was going to make dinner, but on the second thought, I ordered pizza(저녁밥을 차리려고 했지만 다시 생각해보고 피자를 주문했다)와 같이 쓸 수 있어요.

최근에는 second opinion(세컨드 오피니언)이라는 말도 종종 접할 수 있습니다. 환자가 어느 한 병원, 한 의사가 아니라 다른 곳에서도 진단을 받아 의견을 묻는 것을 가리킵니다.

다소 색다른 표현인 second sight는 투시력, 예지력, 천리안을 뜻하는 말로 She has second sight라고 하면 '그녀는 천리안을 지녔다', '예지력이 있다'라는 의미예요.

세 명의 현자 — the Three Wise Men

the Three Wise Men(세 명의 현자)은 기독교인에게는 익숙한 표현일 거예요. 고대 이스라엘에서 갓 태어난 예수 그리스도를 찾아 떠돌던 이들이 바로 Three Wise Men입니다. 당시 위대한 지도자가 태어나면 밤하늘에 밝게 빛나는 별이 출현한다는 말이 전해지고 있었죠. 세 명의 현자는 그 별 아래에 자리한 마구간에서 갓 태어난 그리스도를 발견하고 축복을 내렸습니다.

the Three Wise Men은 동방박사, 3현인, 3인의 점성술사 등으로 번역되는데, the Three Kings(세 명의 왕)라고 쓰인 경우도 있어요. 서양에서는 크리스마스로부터 열두 번째 날인 1월 6일이 Three Kings Day라는 축일이랍니다. 세 명의 왕, 즉 세 명의 현자가 그리스도와 만난 날이기 때문이죠. 이날을 영어로 Epiphany라고 하는데, 그 어원은 '나타나다'를 의미하는 그리스어 *epiphainō*입니다. 신이 인간의 모습으로 나타난 날이라 해서 주현절主顯節 혹은 그 존재가 the Three Wise Men에게 공식적으로 드러난 날이라고 해서 공현 대축일公現大祝日이라고 부르죠.

the Three Wise Men은 성경에 나온 오래된 말이지만 지금까지도 뉴스에서 자주 들을 수 있어요. 예를 들어 국가나 정당이 세 명의 중요 인물에 의해 운영될 때, 흔히 세 마리 말이 끄는 마차에 빗대 '트로이카 체제'라고 하는데, 이들을 Three Wise Men이라고 칭하는 신문기사도 볼 수 있어요. '현명해야 할 사람들이 대체 이게 무슨 꼴이냐!'라는 식으로 한껏 비아냥을 담아서 쓰는 경우가 대부분이지만요.

원숭이 세 마리

the three wise monkeys

the three wise monkeys는 '보지 말 것, 듣지 말 것, 말하지 말 것'이라는 격언을 상징하는 세 마리 원숭이, '삼원三猿'을 가리킵니다. 일본 닛코의 도쇼구東照宮라는 신사에는 각각 눈·귀·입을 두 손으로 막고 있는 세 마리의 원숭이 부조가 있습니다. 16세기 일본의 조각가 히다리 진고로左甚五郎의 작품으로 알려져 있죠.

세 마리 원숭이는 각각 '보지 말라見ざる, 미자루, 듣지 말라聞かざる, 기카자루, 말하지 말라言わざる, 이와자루'라는 뜻을 가지고 있어요. 저는 일본의 이 세 마리 원숭이를 바탕으로 three wise monkeys라는 말이 전 세계로 퍼져나간 줄 알았어요. '~하지 않다'를 의미하는 일본어 '자루ざる'가 원숭이를 뜻하는 '사루さる'와 발음이 비슷하기 때문이죠. 영어의 See no evil, hear no evil, speak no evil(악한 것은 보지 말고, 듣지 말고, 말하지 말라)이라는 속담 역시 일본어에서 유래한 표현일 거라고 철석같이 믿었죠.

하지만 제 생각은 틀렸습니다. 일본의 문화인류학자 나카마키 히로치카中牧弘允가 쓴《세계의 삼원 - 보지 말라, 듣지 말라, 말하지 말라世界の三猿 見ざる、聞かざる、言わざる》나 이다 미치오飯田道夫가 쓴《세계의 삼원 - 그 원류를 찾아서世界の三猿 その源流をたずねて》를 읽어보니 세 마리 원숭이와 관련된 장식물이나 그림, 심지어 세 마리 원숭이라는 발상 역시 세계 곳곳에 오래전부터 존재했다는 사실을 알 수 있었어요. 충격이었습니다.

무려 원숭이가 네 마리 존재하는 곳도 있는데요. 네 마리 중 한 마리는

231

사타구니에 손을 대고 있습니다. '보지 말라, 듣지 말라, 말하지 말라'에 이어서 '간음하지 말라'라는 의미가 담겨 있답니다.

Three Rs(세 가지 R)는 Reading, wRiting, aRithmetic(읽기·쓰기·산술)이라는 세 단어에 들어 있는 R을 가리킵니다. 조금 낡은 표현으로 읽기, 쓰기, 주산이 되겠네요.

third party는 '제3자'를 뜻합니다. 사건이나 사고 등의 당사자가 아닌 사람 혹은 계약에서 계약을 맺는 당사자가 아닌, 전혀 무관한 사람을 의미해요. 또 다른 뜻으로는 양대 정당이 존재하는 나라의 '제3당'이 있습니다. 일본의 정치권에서도 한때 제3극第三極이라는 말이 사용된 적이 있습니다. 여러 소수 정당이 난립하며 캐스팅보드를 쥐려 하던 때였죠. 이것이 바로 third party라고 할 수 있습니다.

네 가지 자유

four freedoms

four freedoms(네 가지 자유)는 미국 제32대 대통령 프랭클린 루스벨트Franklin Roosevelt(1882~1945년)가 1941년 연초 연설에서 정책 목표로 선언한 사항입니다. freedom of speech(언론의 자유), freedom of worship(신앙의 자유), freedom from want(결핍으로부터의 자유), freedom from fear(공포로부터의 자유)를 가리키죠.

그중 freedom of speech라는 말을 들을 때마다 떠오르는 일이 있습니다. 미국인 출판 에이전트와 함께 뉴욕의 출판사를 찾아갔던 때였죠. 타임라이프 빌딩 앞을 걷는데, 그가 "이 빌딩 지하에는 자가발전식 윤전기*가 있어서 무슨 일이 터지더라도 인쇄할 수 있어"라고 말했습니다.

저는 "뉴욕에서는 지진도 일어나지 않는데, 불이라도 날까 봐?" 하고 물었죠. 그러자 그는 어쩌면 이렇게 생각이 짧냐는 듯 눈을 동그랗게 떴습니다. "아니, 방송국이나 신문사, 출판사 같은 언론은 정부 방침과 반대되는 논지를 펼쳐야 할 때도 있잖아. 만약 정부가 전기를 내리기라도 했다간 어떡하게? 그럴 때도 자기들의 인쇄기로 계속 신문을 발행해서 언론의 자유를 지켜야지"라는 그의 말이 잊히지 않아요. 언론의 자유를 국가나 정부로부터 부여받는 것이라 생각했던 저는 자신들의 손으로 자유를 쟁취한 사람과의 의식 차이에 놀라움을 금치 못했습니다.

> * 회전하는 원통 모양의 인쇄판 사이에 용지를 끼워 인쇄하는 방식의 인쇄기입니다.

언론의 자유

freedom of speech

미국이 어떻게 freedom of speech(언론의 자유)를 손에 넣었는지를 알고 싶다면 딱 알맞은 책이 있습니다. 논픽션 작가 게일 재로_{Gail Jarrow}가 쓴 《The Printer's Trial》인데요. 남겨진 재판 기록·정부 서류·신문·사적인 서신을 포함한 편지를 토대로 진실에 다가간 책입니다.

미국에서 독립선언이 채택되기 약 반세기 전, 북아메리카는 열세 곳의 영국 식민지로 나뉘어 있었습니다. 그중 하나인 뉴욕 식민지에 윌리엄 코스비_{William Cosby}(1690~1736년)가 영국 국왕의 임명을 받아 새 총독으로 부임했습니다. 거액의 부채를 안고 있던 그는 식민지에서 빚을 처리할 요량으로 수많은 부정을 저질렀죠. 총독의 권한은 절대적이었고, 사법권은 총독과 의회에 있었으며, 총독은 최고 재판장과 의원 임명권을 갖고 있었어요. 즉 그의 뜻대로 의원이든 최고 재판장이든 파면할 수 있었던 겁니다.

코스비는 자신의 지위를 이용해 사람들을 악랄하게 착취했습니다. 당연히 주민의 생활은 곤궁해졌고 큰 혼란과 엄청난 반발이 일어났죠. 의회의 대표가 영국 본국에 호소했지만 먼 대서양 저편의 신대륙에서 발생한 일 따윈 관심 밖이라는 듯 아무런 소식이 없었습니다. 그런 와중에 코스비 총독의 부정을 폭로하고 비판을 이어나가던 신문사의 발행인 존 젠거_{John Zenger}(1697~1746년)가 체포, 투옥되었습니다.

이 책을 읽어보면 언론의 자유를 손에 넣기란 얼마나 어려운지를 잘 알 수 있습니다. 특히 저널리즘이나 언론에 관심이 있다면 읽어보기를 바랍니다.

네 번째 계급

> fourth estate

fourth estate(제4계급)는 언론계, 매스미디어, 저널리즘을 가리킵니다. 과거에 신문이 지닌 사회적 영향력이 급속도로 커지면서 언론인이 성직자·귀족·시민의 3계급에 이은 네 번째 계급으로 받아들여지며 생겨난 표현인데요. 실제로는 또 다른 해석도 있습니다. 사법·입법·행정이라는 삼권三權에 더해 '보도'를 네 번째 권력으로 보는 거죠. 보도기관은 사법·입법·행정을 감시하고 그 동향을 국민에게 널리 전해야 한다는 사명을 가지고 있죠. 이런 의미에서 삼권분립이 아니라 사권분립을 통해 각 권력의 폭주를 막고 균형을 유지한다는 시각도 있습니다.

5분의 휴식

> take five

〈Take Five〉라는 재즈 명곡을 아나요? 데이브 브루벡 쿼텟Dave Brubeck Quartet이 1959년에 발표한 곡으로, 알토 색소폰의 경쾌한 멜로디와 리듬이 인상적인데요. 리더인 데이브 브루벡Dave Brubeck(1920~2012년)이 2012년 12월에 타계했을 때, 일본에서 그의 부보를 전하는 뉴스의 배경음악 역시 〈Take Five〉였습니다.

이 곡은 4분의 5박자로 변칙적인 리듬이라고 하는데, 문외한인 저로서는 그게 대체 무슨 말인지 도무지 이해할 수 없었습니다. 음악에 해박한 사람에게 물어보니 '4분의 3박자에 이어서 4분의 2박자가 온다고 보면 된다'고 하던데, 더욱더 알아들을 수 없었죠.

제가 젊었을 때, 가장 열심히 영어를 공부하던 시기에 사용한 교재는 NHK의 〈라디오 영어회화〉로, 강사는 세이센 대학교 조교수였던 오스기 마사아키大杉正明(현 명예교수)였습니다. 그해의 회화문은 두 명의 저널리스트가 취재하는 방식이었고요. 그날은 당시 드물었던 여성 색소폰 연주자의 라이브를 들은 뒤 인터뷰를 했어요. 연주자가 무대에서 〈Take Five〉를 연주하고는 "Let me take five"라고 말했죠. '5분만 쉬게 해달라'는 뜻이었죠. 그때는 다소 억지스러운 언어유희라고 생각했는데, 나중에 사전에도 등재된 정식 표현이란 걸 알았어요. 사전에는 '5분 휴식하다' 외에도 '잠깐 휴식하다', '한숨 돌리다'라는 뜻도 실려 있습니다.

high-five는 우정이나 승리의 기쁨을 나타내기 위해 손을 높이 들어 상대방과 손바닥을 짝 하고 마주치는 행위를 가리킵니다. 일본에서는

'하이터치'라고 하지만 미국인이나 영국인에게는 통하지 않는 말이죠.

아무리 같은 팀, 팬이라고 해도 대뜸 손뼉을 치려 하면 상대방은 준비가 안 되어 있을지도 모르고 할 마음이 없을지도 몰라요. 그럴 때는 "Hey, give me five!"라고 말하면서 손을 들어 상대방의 손에 맞대면 됩니다.

상대방과 두 손을 맞댈 때는 열 개의 손가락이 맞닿으니까 give me ten이라고 해요. 처음에는 스포츠 선수들이 했는데 지금은 젊은이들이 인사 대신으로도 쓰곤 하죠.

묵비권

take the Fifth

take five와 비슷한 take the Fifth라는 표현이 있습니다. '묵비권을 행사하다', '증언을 거부하다'라는 뜻으로, the Fifth는 미국 헌법 수정 제5조를 가리킵니다. 보통 헌법 개정은 조문 그 자체를 변경하는 것인데 미국에서는 수정 조항을 추가해서 시대에 맞게 내용을 바꿔요. 1791년에 추가된 수정 제5조에는 '어느 누구도 형사 사건에서 자신에게 불리한 증인이 될 것을 강요받아서는 아니된다'라는 조항이 있습니다.

take 대신 plead를 넣어서 plead the Fifth라 해도 뜻은 같습니다. plead는 '탄원하다'라는 의미로, 법률 용어로는 '주장하다', '제기하다'입니다. plead the Fifth(헌법 수정 제5조를 주장하다)는 '묵비하다'라는 뜻이 되는 거죠. 친구에게 농담 삼아 '비밀이야' 혹은 '그런 건 말 못 해'라고 말하고 싶을 때, 연예인이 기자의 질문에 대답을 피하고 싶을 때에 '노코멘트' 대신 I'll take the Fifth를 쓸 수 있어요.

다섯 손가락 할인

five-finger discount

앞서 〈인체 표현〉 장에서 손가락과 관련된 표현을 소개했죠. 그리고 영어에서는 보통 손에는 한 개의 thumb와 네 개의 finger가 있다고 생각한다고 언급했습니다. 예외적인 표현으로 five-finger discount(다섯 손가락 할인)가 있어요. 다섯 손가락으로 할인한다는 말이 무슨 뜻일까요? 다른 말로 하자면 shoplifting, '절도'입니다. 다섯 손가락으로 상품을 움켜쥐고 가방이나 주머니에 숨긴 뒤, 계산대에서 돈을 지불하지 않은 채 가게를 떠나버리는 행위를 말합니다.

절도의 또 다른 표현으로 sticky fingers(끈적끈적한 손가락)가 있습니다. 손가락이 끈적끈적하면 돈이나 가게 진열대에 놓인 상품이 들러붙기 쉽겠죠. This guy has sticky fingers는 '그 녀석은 손버릇이 나쁘다'라는 뜻입니다.

반대로 sticky fingers가 좋은 의미로 쓰일 때도 있습니다. 미식축구에서 He has sticky fingers라고 하면 '그는 패스를 잘 받는다'는 뜻입니다. 아무리 멀리서 날아온 공이라도 놓치지 않고 정확하게 받아내는 쩍쩍 잘 들러붙는 손가락을 지녔다는 말이죠.

다섯 번째 바퀴

fifth wheel

미국에서 흔히 사용되는 fifth wheel(다섯 번째 바퀴)이라는 표현이 있습니다. 사륜차의 fifth wheel은 스페어타이어를 가리킵니다. 쓸데없는 사람이나 물건, 무용지물을 의미해요. 예를 들어 I felt I was the fifth wheel at the party last night는 '어젯밤 파티에서 나는 없어도 되는 사람이었던 것 같다', 다시 말해 '분위기에 어울리지 못해 어색했다', '자리가 불편했다'라는 뜻입니다.

fifth wheel과 완전히 같은 뜻으로 third wheel도 있는데요. 어째서 그런지 알아챘나요? 자동차가 아니라 자전거를 기준으로 생각해보면 '세 번째 바퀴' 역시 불필요한 존재이기 때문이랍니다.

6과 7의 혼란　at sixes and sevens

sixth sense는 설명할 것도 없이 '육감'을 의미하죠. five senses(오감)는 the sense of sight(시각) · hearing(청각) · smell(후각) · taste(미각) · touch(촉각)인데, 육감은 이 다섯 가지 감각 이외에 '사물을 직관적, 감각적으로 포착하는 감각'입니다.

영국에서는 be at sixes and sevens라는 말을 쓰는데요. '무척 혼란스러워서', '혼잡해서'라는 뜻이에요. The government is at sixes and sevens over the issue of domestic security(정부는 국내 치안 문제를 둘러싸고 난항을 겪고 있다)라는 식으로 표현할 수 있죠. 그런데, sixes(여섯 번째), sevens(일곱 번째)는 무엇을 의미하는 걸까요?

여기에 대해서는 다양한 설이 있는데요. 중세부터 유럽에는 주사위를 사용한 azar라는 도박이 있었습니다. 이 말은 시간이 흐르며 hazard로 바뀌었고, 지금은 hazard가 위험 혹은 우연을 의미하죠. 이 도박이 우연에 크게 좌우되며 신세를 망칠 정도로 위험한 게임이었다는 사실에서 생겨난 뜻입니다. 이 게임에서는 주사위 눈 중에서 프랑스어로 5를 의미하는 *cinq*와 6인 *six*가 가장 점수가 낮은 위험한 숫자였습니다. 이러한 사실이 사람들 사이에 잘못 전해지면서 어느새 영어로 at sixes and sevens가 '혼란에 빠졌다'라는 의미로 변했다는 설입니다.

또 중세 런던에서 해마다 열리던 퍼레이드에서 두 길드가 여섯 번째로 행진할 것인가 일곱 번째로 행진할 것인가를 두고 다투면서 혼란이 벌어진 적이 있었습니다. 그 결과 해마다 순서를 바꿔 번갈아가며 먼저 등장하기로 합의를 했다는 이야기에서 유래한 표현이라는 설도 있죠.

마찬가지로 six를 사용한 표현으로 six and half a dozen이 있습니다. '6이든, 반 다스든 결국은 6이다'라는 말로, '어느 쪽이든 상관없다', '도긴개긴', '오십보백보'라는 의미입니다.

럭키 세븐

lucky seventh

서양에서는 '7'을 행운의 숫자로 여기죠. 성경에서 신이 천지창조를 시작하고 7일째를 안식일로 정했다고 하여 사람들은 이날을 신을 칭송하는 날로 받아들였습니다. 이러한 사실에서 7이 성스러운 숫자가 되었다는 설이 있습니다.

물론 야구에서 나온 '행운의 7회lucky seventh'라는 표현에서 시작되었다는 설이 가장 유명한데요. 뉴욕 자이언츠*가 어째서인지 7회에 높은 점수를 따낸 사실에서 비롯됐다고 합니다.

일반적으로 야구 경기가 7회에 역전되는 경우가 많은 이유는 뭘까요? 선발투수가 지쳐 구위가 떨어질 무렵이라서 타자가 공을 맞추기 쉬워진다거나, 타석이 세 바퀴 돌았으므로 슬슬 타자의 눈에 투수의 공이 익숙해지기 때문이라고들 합니다. 혹은 선발투수가 중간계투와 교대할 타이밍이기 때문이라고도 해요.

메이저리그 시합에서는 7회 초가 끝나면 관객들이 일어나 기지개를 켜면서 몸을 풉니다. 홈팀의 7회 말 공격이 시작되기 전 쉬는 시간을 seventh-inning stretch라고 하는데요. 이때 관객들은 입을 모아 〈Take Me Out to the Ball Game(나를 야구장으로 데려가주오)〉를 부릅니다. 국의 국민 노래라고 해도 될 정도로 유명하죠. 구장에 따라서는 전광판에 가사가 표시되기도 하지만 미국에서 야구를 관전할 기회가 있다면 미리 외워서 가는 게 좋겠죠.

> * 자이언츠의 최초 연고지는 뉴욕이었으며, 1958년 샌프란시스코로 연고지를 이전했습니다.

세계 7대 불가사의 the Seven Wonders of the World

the Seven Wonders of the World(세계 7대 불가사의)는 고대 그리스의 수학자 필론Philo이 선정한 일곱 가지 경이로운 건조물을 가리킵니다. 가장 먼저 기원전 2600년경 이집트의 기자에 세워진 피라미드the Great Pyramids는 세계 7대 불가사의 가운데 유일하게 현존하는 건조물이죠.

두 번째는 바빌론의 공중정원the Hanging Gardens of Babylon입니다. 기원전 600년경 바빌로니아 제국의 수도 바빌론에 지어진 아름다운 정원인데요. 이름만 보면 공중에 떠 있을 것 같지만 실은 높다란 돈대 위에 세워진 건조물이었습니다.

세 번째는 에페소스의 아르테미스 신전the Temple of Artemis at Ephesus입니다. 기원전 550년경 고대 이오니아의 항구도시 에페소스에 건설된 거대한 신전으로, 완성되기까지 120년이 걸렸다고 합니다.

네 번째는 올림피아의 제우스상the Statue of Zeus at Olympia이에요. 기원전 5세기 무렵 고대 그리스의 조각가 페이디아스Pheidias가 만든 작품으로, 하늘의 신 제우스가 금으로 된 왕좌에 앉아 있는 높이 12미터의 신상이랍니다.

다섯 번째는 할리카르나소스의 마우솔레움the Mausoleum at Halicarnassus입니다. 기원전 353년, 소아시아의 칼리아 지방을 통치했던 마우솔로스왕Mausolus(기원전 377/376~기원전 353/352년)을 위해 여왕이 새로운 도읍 할리카르나소스에 세운 거대한 대리석 영묘인데요. 참고로 이 영묘가 너무나도 웅장했기 때문에 이후로 장대한 영묘 건축물을

mausoleum이라 부릅니다.

여섯 번째는 로도스섬의 거상the Colossus of Rhodes 입니다. 기원전 280년경, 에게해의 로도스섬 항구에 섬의 수호신이자 태양신인 헬리오스의 거상이 세워졌는데요. 높이가 무려 34미터로, 받침대까지 포함하면 50미터였다고 합니다.

그리고 마지막은 알렉산드리아의 등대the Lighthouse of Alexandria 입니다. 기원전 280년경, 나일강 하구의 항구도시 알렉산드리아와 가까운 파로스섬에 세워진 거대한 등대인데요. 높이가 120미터 혹은 130미터였다고 전해집니다. 낮에는 태양의 반사광, 밤에는 화톳불로 50킬로미터 이상 떨어진 장소에서도 확인할 수 있었다고 해요. 기원전에 이처럼 아름답고 거대한 건축물을 오랜 세월에 걸쳐서 만들어냈다는 게 wonder(경이)가 아니라면 무엇일까요.

사족을 덧붙이면 영화 〈킹콩King kong〉의 부제는 the Eighth Wonder of the World였습니다. '세계 8대 불가사의'라는 뜻이죠. 물론 the Seven Wonders of the World에서 유래한 발상으로, 새로운 불가사의나 기적을 이렇게 자주 표현합니다.

아홉 번째 구름

cloud nine

앞서 〈인생 표현〉 장에서 cloud nine이라는 표현을 언급했었는데 기억나나요?(p.28) 보통 on cloud nine 혹은 up on cloud nine의 형태로 쓰이는데 '무척 행복한', '마음이 들떠서'라는 의미예요. 그야말로 하늘을 날 듯한 기분인 거죠.

이 표현엔 기상학적인 해설이 필요합니다. 구름이 도달하는 가장 높은 지점은 지상으로부터 8마일(12.8킬로미터) 부근으로, 그보다도 높은 곳에서는 구름이 생겨날 수 없다고 해요. 따라서 cloud nine은 구름의 최고 지점인 8마일보다도 높은 9마일 지점을 가리키는데, 구름보다도 위를 떠다니는 듯한 '최고의 기분'을 의미하는 거죠.

또 다른 설로는 구름은 열 가지 기본 운형으로 분류되는데, 그중 하늘의 가장 높은 지점까지 도달하는 적란운Cumulonimbus이 '아홉 번째 구름'이라서 cloud nine이라 부른다는 이야기도 있어요.* on cloud nine은 '적란운 위의'라는 뜻이에요.

일본에서는 적란운을 '뉴도구모入道雲'라는 속칭으로 부릅니다. 하얀 구름의 형태가 뉴도入道의 까까머리처럼 보인다는 사실에서 붙은 이름인데요. 뉴도란 수행승이나 불교에 귀의한 귀족을 가리키는 말이지만 '까까머리를 한 요괴'라는 뜻으로도 쓰입니다.

저는 일주일에 한 번은 녹음이 풍성한 근린공원을 찾아 잔디밭에 드러누워 하늘을 바라보곤 해요. 제가 이처럼 넓은 하늘과 지구 안에서는 작디작은 존재임을 다시금 확인할 때면 모든 고민이 아주

---

* 1896년에 출간된 《국제 구름 도감 The International Cloud Atlas》에서는 구름의 열 가지 기본 운형 중 적란운이 9번이었으나 현재는 10번으로 바뀌었습니다.

사소한 일이란 걸 깨닫게 되죠. 한여름이면 푸른 하늘에 하얀 알통처럼 불룩 튀어나온 적란운이 꼬리에 꼬리를 물고 이어지는 모습을 볼 수 있어요. 마음이 잔뜩 들떠서 흥분으로 가득 차죠. 그것만으로도 얼마나 행복한지 더 이상 바랄 게 없다는 생각까지 들어요. 제게는 이러한 시간이 바로 on cloud nine이랍니다.

9일간의 기적

a nine days' wonder

보통 회사의 근무시간은 아침 9시부터 저녁 5시까지로, 영어로는 nine to five라고 하죠. nine-to-five job은 '정시 업무', '추가 근무가 없어서 편하지만 자극이 없는 지루한 업무'라는 부정적인 의미를 갖기도 합니다.

제인 폰다Jayne Fonda가 주연한 1980년대 할리우드 영화 〈나인 투 파이브〉는 상사의 성희롱과 언어폭력에 인내심이 폭발한 세 사람이 상사를 응징하면서 벌어지는 일을 우스꽝스럽게 그린 블랙코미디입니다.

'9'가 들어가는 표현으로 dressed to the nines가 있어요. '정장을 차려입다', '가장 좋은 옷을 입다', '한껏 멋을 부리다'라는 뜻입니다. The new hire was dressed to the nines는 '그 신입사원은 좋은 옷을 입었다'는 의미예요.

nine times out of ten(열 번 중에 아홉 번)은 '대부분의 경우'를 가리킵니다. Nine times out of ten, my son turns to the music channel when he watches TV는 '아들이 텔레비전을 볼 때면 십중팔구 음악 채널을 보고 있다'라는 뜻입니다.

a nine days' wonder(9일간의 기적)를 아시나요? 일시적으로 주목을 끈다 하더라도 금세 잊힐 듯한 사람이나 사건을 뜻하는데요, 흔히 말하는 '반짝스타'라고도 할 수 있어요. 잠깐의 영광을 맛보긴 했지만 주변 사람에게는 남의 일이므로 금세 잊히고 마는 거죠.

반대로 '어떤 나쁜 일이 있더라도 조금만 시간이 지나면 금세 잊힌다'는 뜻도 가지고 있어요. A wonder lasts but nine days(세상을 떠들썩하게 하는 일도 9일이면 잊는다)라는 속담에서 유래했어요. 비슷한 일본 속담으로는 '남의 소문도 75일'이 있죠.

그런데 왜 영어에서는 '9일'이고 일본에서는 '75일'인 걸까요? 서양에서는 중세의 종교 축제가 9일 동안 이어졌습니다. 9일 동안은 난리법석을 부리며 술을 마시고 마음껏 떠들다가 축제가 끝나면 본래의 조용한 일상생활로 돌아갔다는 사실에서 유래했다는 설이 있어요. 또 1600년에 희극배우 윌리엄 캠프William Kempe(1560년경~1603년경)가 런던에서 노위치까지 160킬로미터를 Morris dance(영국의 민속 무용 중 하나로, 익살스러운 모습으로 분장하는 것이 특징-옮긴이)를 추며 걸어갔는데, 그 여행기가 《Nine Day's Wonder》라는 제목으로 출간된 사실에서 유래한다는 설도 있고요.

한편으로 과거 일본에는 춘하추동과 각 계절 사이에 낀 약 18일의 '토용土用(토왕용사의 준말로, 오행설에 따르면 땅의 기운이 가장 왕성하다는 절기-옮긴이)'을 합쳐서 모두 다섯 개의 계절이 존재했습니다. 1년 365일을 5로 나누면 73일이 되지요. '남의 소문도 75일'은 나쁜 소문도 한 계절이 지나갈 무렵이면 모두 잊어버리니, 괜한 소문은 신경 쓰지 않는 편이 좋다는 의미입니다.

열한 번째 시간

> the eleventh hour

성경에서 유래한 eleventh hour(열한 번째 시간)라는 표현이 있습니다. 고대 이스라엘에서는 일출부터 일몰까지를 12분할한 시간을 사용했어요. 계절에 따라 다르지만 일출을 오전 6시로 잡으면 9시가 third hour(세 번째 시간), 정오가 sixth hour(여섯 번째 시간)이고, eleventh hour(열한 번째 시간)는 지금의 오후 5시경이 돼요. 일몰 직전인 시간이죠.

이 표현은 신약성서의 《마태복음》에 등장합니다. 어떤 사람이 천국에 갈 수 있냐는 물음에 예수는 '포도밭 일꾼의 이야기'를 들려줘요. 어느 집의 주인이 포도밭에서 일할 일꾼을 고용하기 위해 새벽(첫 번째 시간)에 광장으로 나가, 그곳에 있던 사람에게 하루 품삯으로 1데나리온*을 지급하겠다는 약속을 하고 포도밭에 보냈습니다. 오전 9시경(세 번째 시간)에도 광장을 서성이던 사람에게 같은 금액을 지불하겠다는 조건을 제시하고 그를 포도밭에 보냈고요. 오후 5시경(열한 번째 시간)에도 광장을 찾아서 그곳에 있던 사람들에게도 마찬가지로 하루 1데나리온을 약속하고 포도밭으로 보냈습니다. 해가 저물고 포도밭 감독이 품삯을 지급할 때 주인은 마지막으로 온 일꾼부터 시작해서 처음에 온 일꾼까지 순서대로 임금을 지불하라고 했습니다. 모두가 똑같이 1데나리온을 받았으므로 아침 일찍부터 일한 사람이 불평을 늘어놓았지만 주인은 약속한 돈을 지불했을 뿐이라고 말했죠.

> * 신약성서에 등장하는 로마 은화로 1데나리온은 노동자의 하루 품삯이었습니다.

예수는 이 이야기를 들려준 후 '이처럼 나중에 온 자가 먼저가 되고, 먼저 온 자가 나중이 되리라'고 말하며, 누가 먼저 믿고 나중에 믿었는지는 천국행과 상관이 없다고 설파했습니다.

이 이야기에서 비롯해 the eleventh hour는 '직전의', '아슬아슬한 순간의', '막판의'라는 의미로 쓰이게 되었죠. The president's visit was called off at the eleventh hour(대통령의 방문은 막판에 취소되었다)라는 식으로 표현할 수 있어요.

2007년에 배우 리어나도 디캐프리오Leonardo DiCaprio를 중심으로 제작된 환경 다큐멘터리 영화 〈11번째 시간The 11th Hour〉이 나왔었죠. 지구의 자연이 더 이상 되돌릴 수 없을 만큼 파괴된 '아슬아슬한' 상황임을 호소하는 내용에 잘 들어맞는 제목입니다.

13일의 금요일

Friday the thirteenth

13은 불길한 숫자로 여겨집니다. 그 이유는 예수 그리스도가 십자가에 못 박히기 전에 열두 사도와 최후의 만찬을 함께했기 때문이라는데요. 여기서 열세 명이 식사를 하면 누군가 한 사람이 죽는다는 미신이 생겼습니다.

명확하게 문서로 남아 있지는 않지만 그리스도가 처형된 날이 13일의 금요일이었다는 설도 있습니다. 이로 인해 '13일의 금요일'이 불길한 날로 여겨지면서 호러 영화 제목으로 쓰이기도 했죠. 참고로 이 영화는 실제로 13일의 금요일에 공개됐답니다.

서양에는 빌딩에 13층이 없는 경우가 많아요. 13층을 건너뛰고 12층 다음이 14층이거나, 12b로 표기하기도 하죠.

불길한 13과 관련해 자주 화제에 오르는 사건이 바로 1970년의 '아폴로 13호 사고'입니다. 아폴로 13호를 발사했을 당시에 인류가 만들어낸 과학기술로 미신에 도전한다는 의미에서 굳이 발사 시각을 13시 13분으로 정했어요. 하지만 발사 이틀 후 달로 향하는 도중에 선내에서 갑자기 불꽃이 튀더니 연료 탱크에 불이 붙으면서 산소 탱크가 폭발하고 말았습니다. 그 결과 전기와 산소 공급이 불가능해져 세 명의 우주비행사는 큰 곤경에 빠졌는데 다행히 착륙선으로 옮겨 타서 무사히 지구로 귀환했어요. 사고의 경위는 1995년 톰 행크스Tom Hanks가 주연한 영화 〈아폴로 13Apollo 13〉을 보면 자세히 알 수 있을 거예요.

운 없는 나날

the same old seven and six

13과 관련된 말로 triskaidekaphobia라는 긴 단어가 있습니다. 13이라는 숫자를 두려워하는 '13 공포증'을 뜻하죠. *triskaideka*는 그리스어로 13, *phobia*는 두려움, 공포를 의미해요. 참고로 영어에서도 공포증을 phobia라고 하는데, 고소공포증은 acrophobia, 폐소공포증은 claustrophobia, 외국인 혐오 혹은 외국인공포증은 xenophobia라고 합니다.

반대로 '~를 좋아하는 사람'은 마지막에 –phile을 붙이는데, 예를 들어 책 애호가는 bibliophile이라고 표현해요. 그렇다면 triskaidekaphile은 무엇일까요? 13을 끔찍하게 좋아하는 것, '13 애호가'라고 할 수 있겠죠. 실제로 the Society of Triskaidekaphiles(13 애호협회)라는 단체가 있는데 창립자의 생일이 1913년 4월 13일이라고 해요. 13을 좋아하며 행운의 숫자라고 믿는 사람들이 회원이에요.

13이라는 숫자와 관련해 the same old seven and six라는 표현이 있습니다. same old는 '변함없이'라는 뜻이고, seven and six는 7과 6을 더한 값인 '13'을 가리켜요. 13은 앞서 언급했듯 불길한 숫자라서 쓰기 꺼려지니 대신 7과 6을 써서 the same old seven and six의 형태로 '변함없이 운이 없다', '만사가 잘 안 풀린다'라는 뜻으로 사용합니다. 예를 들어 'How are things?(요즘 어때?)'라고 누가 물을 때 'The same old seven and six'라는 식으로 대답할 수 있겠죠. 원래 미국 군대에서 처음 사용된 표현인데 점차 일반인에게도 널리 퍼졌다고 해요.

15분간의 명성 　　　fifteen minutes of fame

앞서 소개한 nine day's wonder(9일간의 기적)과 비슷하지만 fifteen minutes of fame(15분간의 명성) 역시 유명한 표현입니다.

미국 팝아트의 선구자로로 칭송받는 인기 예술가 앤디 워홀Andy Warhol(1928~1987년)이 자신의 명성에 대한 질문에 "In the future, everyone will be world-famous for 15minutes(장래에는 누구나 15분 동안은 세계적인 유명인이 될 수 있을 것이다)"라고 말한 사실에서 유래했죠. 캐나다의 유명한 미디어 이론가인 마샬 맥루한Marshall McLuhan(1911~1980년)의 "사방에서 텔레비전 전파가 날아드는 세상에서는 누구나 15minutes of fame(15분간의 명성)을 얻을 수 있다"라는 말을 강하게 의식한 표현이었습니다.

텔레비전이라는 매체에서는 하룻밤에 스타덤에 오르는 사람도 나오고, 심각한 범죄를 저질러 순식간에 세간의 비난을 받는 사람도 나오죠. 텔레비전 방송의 창세기에 이러한 미래를 예언한 맥루한은 역시나 위대합니다.

진퇴양난

Catch-22

Catch-22(캐치-22)는 미국인 작가 조지프 헬러Joseph Heller(1923~
1999년)가 1961년에 발표한 소설의 제목《Catch-22》에서 유래한 말입
니다. 전쟁의 광기를 묘사한 이 작품은 베트남 전쟁이 확전되어가는 상
황 속에서 미국 국내에서만 1,000만 부를 넘긴 초베스트셀러였습니다.

소설의 무대는 제2차 세계대전 중의 이탈리아로, 공군 폭격 부대 소
속 파일럿이었던 주인공 요사리안은 독일군 기지에 폭격을 하는 임무
를 맡았습니다. 그는 하루라도 빨리 제대하고 싶었지만 폭격 횟수는 점
점 늘어만 갔죠. 그는 미친 시늉을 하면서까지 제대하려 했으나 어떤
군법 때문에 좀처럼 임무에서 벗어나지 못했습니다. 그 군율이 바로
Catch-22였는데요. Catch란 군법, 22란 22항을 의미해요.

문제의 '군법 22항'은 '정신에 이상이 생긴 자는 자진해서 신고하면
제대할 수 있다. 하지만 정신에 이상이 생긴 자는 자신의 이상을 인식
할 수 없을 것이다'라는 모순된 조항이었어요. 여기서 Catch-22는 모
순된 규칙과 그 규칙 때문에 진퇴양난인 상황을 뜻하게 되었습니다.
우리가 흔히 쓰는 말로는 부조리, 불합리가 되겠네요.

잠깐의 낮잠

forty winks

숫자 '40'은 성서에 종종 등장합니다. 《출애굽기》에서 모세가 신으로부터 십계명을 받았을 때 시나이산에 머물렀던 기간이 40일이었고, '노아의 방주'에서는 호우가 40일 동안 이어지고 이후 40일이 지나서 노아는 방주의 창문을 열었죠. 그래서 옛날에는 40이 함부로 범할 수 없는 신성한 숫자로 여겨졌습니다.

forty에는 40외에도 '수많은'이라는 뉘앙스가 있습니다. forty ways to Sunday(일요일까지 40개나 되는 수많은 방법이 있다)라는 표현을 여러 사전에서 볼 수 있는데요. '온갖 방향으로', '모든 것을 포함해', '완전히'라는 의미입니다. 그런데 몇몇 미국인에게 물어보았지만 이 관용구를 아는 사람은 아무도 없었어요. 역시 '어떻게 보면 사전은 죽은 언어의 묘지다'라는 말이 맞을지도 모르겠네요.

forty winks는 많은 사람이 알고 있죠. 잠깐의 낮잠을 뜻하는 표현으로, 특히 식후의 선잠을 가리킵니다. I had forty winks in the afternoon은 해석하면 '나는 잠깐 낮잠을 잤다'라는 뜻이에요.

40에이커의 땅과 노새 한 마리

forty acres and a mule

미국에는 **forty acres and a mule**이라는 표현이 있어요. 남북전쟁(1861~1865년)이 끝나고 해방된 흑인들에게 정부는 노예노동의 보상으로 '40에이커*의 땅과 노새 한 마리'를 주겠다는 약속을 했었어요. 그런데 링컨 대통령이 암살된 후 후계자인 앤드루 존슨 대통령Andrew Johnson(1808~1875년)은 이 보상안을 폐지해버렸습니다. 이후로 이 표현은 '깨진 약속'의 대명사가 되었죠.

1960년대 흑인운동의 대표적 지도자 마틴 루서 킹 목사Martin Luther King(1929~1968년)가 비폭력을 관철하며 공민권 운동을 추진한 것과는 대조적으로 한층 과격한 운동을 전개한 이가 있었어요. 바로 맬컴 엑스Malcolm X(1925~1965년)였죠. 그의 인생을 그린 영화 〈Malcolm X〉의 감독 스파이크 리Spike Lee는 자신들의 제작사에 40 Acres & A mule Filmworks라는 이름을 붙였습니다.

이런 이야기도 있어요. 2008년에 버락 오바마Barack Obama가 흑인으로는 미국 최초로 대통령의 자리에 올랐을 때, 〈더 데일리 쇼The Daily Show〉라는 텔레비전 방송에서 흑인 출연자인 래리 윌모어Larry Wilmore가 "We would have been happy with 40 acres and a mule"이라고 말했어요. '우리 흑인이 약속대로 40에이커와 노새 한 마리를 받았다면 거기서 만족하고 대통령이 될 생각까지는 하지 않았을 텐데'라는 빈정거림으로 가득한 발언이었죠.

> * 1에이커는 약 4,047제곱미터로, 40에이커는 약 161,874제곱미터입니다.

49와 골드러시

미국의 프로 미식축구에는 샌프란시스코 포티나이너스San Francisco
49ers라는 팀이 있습니다. 여기서 '49'는 1849년, 골드러시gold rush였던
해를 가리킵니다. forty-niners는 골드러시 당시 일확천금을 꿈꾸며 캘
리포니아로 몰려든 사람들이에요.

이 49라는 숫자가 강한 인상을 남겼는지 금이 발견된 해를 1849년
으로 착각하는 사람이 많지만, 실제로 금이 발견된 건 1848년 1월
24일이었어요. 제임스 마샬James Marshall이라는 남자가 캘리포니아 콜
로마 인근의 아메리칸강 어귀에서 반짝이는 금빛 조각을 발견했습니
다. 이 소문이 순식간에 퍼져나가자 전 세계에서 30만 명이나 되는 채
굴자들이 들이닥치기 시작했어요.

일본 도쿄의 시부야에는 Gold Rush라는 인기 햄버거 가게가 있어
요. 엘리베이터에서 내려 가게 안으로 들어가면 오른쪽 벽에 가게 이
름의 유래를 적어놓은 명판을 볼 수 있는데요. 명판 마지막 부분에는
'Gold Rush는 forty-niners의 용기와 정열에 경의와 찬사를 보냅니다'
라고 쓰여 있어요.

이야기가 옆길로 샌 김에 사족을 하나 덧붙이자면, 이 골드러시를
계기로 리바이스Levi's 청바지가 생겼어요. 리바이 스트라우스Levi Strauss
(1829~1902년)라는 남자가 금을 캐던 사람들의 바지가 금세 해져서 찢
어지는 모습을 보고 마차의 덮개나 텐트용 캔버스지로 튼튼한 바지를
만들었고, 이 바지가 광부들 사이에서 큰 인기를 끌었습니다.

정보를 뜻하는 411

> four-one-one

일본에서 전화번호 안내는 104인데, 미국에서는 411 four-one-one (혹은 four-eleven이라고 읽습니다)로 통합니다. 그 덕분에 411은 속어로 '정보'라는 뜻을 갖게 되었죠. 특히 개인의 사적인 정보, 중요한 사건이나 인기 이벤트와 관련된 정보를 가리킵니다.

예를 들어 I want to get the 411 on him은 '나는 그와 관련된 정보를 얻고 싶다', '그에 대해 더 알고 싶다'라는 뜻이 되고, Give me the 411 on her는 '그녀에 대한 정보를 가르쳐달라'라는 뜻이 됩니다. '나는 그녀에 대해 잘 안다'라고 말하고 싶을 때, 그 정보가 타인은 모르는 비밀일 경우에는 I have the 411 about her라고 표현할 수 있어요.

백만 번의 '감사합니다' | Thanks a million

타인에게 감사를 전할 때 쓸 수 있는 표현은 매우 다양하죠. 가장 흔히 쓰는 건 Thank you very much일 거예요. 그 외에도 Thank you so much나 Thanks a lot 혹은 Many thanks 등이 있습니다.

thank가 아닌 다른 단어를 써서 I'm much obliged to you라고 표현할 수도 있어요. oblige를 '강제되다'라는 의미로 알고 있는 분도 많을 텐데, '친절하게 대하다'라는 뜻도 있어요.

appreciate(감사하다)를 써서 I appreciate your kindness(친절에 감사드립니다) 혹은 I appreciate what you have done for me(당신이 나를 위해 해주신 일에 감사드립니다)라고 할 수도 있답니다.

다시 thank로 돌아가서 Thanks a million이라는 구어적 표현이 있습니다. Thank you a million times의 축약형으로, '백만 번 감사를 표합니다'라는 뜻입니다. 이 표현은 꽤나 오래전에 배웠는데 지금도 생생하게 기억이 나요.

예전에 NHK에서 방송했던 〈라디오 영어회화〉에서 리사라는 신문기자가 millionaire(억만장자)를 취재하는 회화문이 나온 적이 있었습니다. 리사가 플로리다주 포트로더데일 공항에 도착해보니 그 억만장자가 헬리콥터를 타고 마중을 나와 있었어요. "집에서는 지금 보스턴 교향악단이 리허설을 하고 있으니 내 요트에서 취재를 하시죠"라며 헬리콥터를 타고 항구로 향했습니다. 호화 여객선 위에서 취재를 마친 후, 그는 감사 표시로 저녁을 대접하고 싶으니 같이 뉴욕의 레스토랑 'Four Seasons'로 가자고 권했어요. 억만장자가 스스로 자가용 제트기를 조종

해서 플로리다에서 뉴욕으로 향하려고 하는데 긴급한 전화가 걸려왔어요. "잠깐 급한 일이 생겨서 나는 못 가게 됐어요. 다른 파일럿이 조종할 텐데, 미안하지만 혼자 뉴욕에서 저녁 식사를 즐겨주세요"라고 했죠. 그때 리사가 "Thanks a million"이라고 말했습니다.

감사를 표할 상대가 억만장자였기에 "Thanks a million"이라는 표현을 골라 인사를 한 것이죠. 이 얼마나 재치 있고 기분 좋은 표현인가요. 이때 Thanks a million은 결코 잊을 수 없는 관용구로 제 뇌리에 새겨졌죠.

영단어나 표현을 외우려고 안간힘을 쓰는 분도 많을 텐데, 이 회화문처럼 하나의 이야기 속에서 외워보는 건 어떨까요? 그 표현을 직접 사용하는 장면을 상상하며 공부하면 좀 더 뇌리에 강하게 새겨지지 않을까요?

저는 영어회화 학습에는 '상상력'이 무척 중요하다고 생각합니다. 여러분도 상상력을 활용해 영어를 조금씩 몸에 익혀보세요. 그리고 언젠가 전 세계의 사람들과 즐겁게 교류할 수 있기를 바랍니다.

그럼 지금까지 두서없는 저의 글을 읽어주신 여러분께 진심으로 감사를 표하고 싶습니다.

Thanks a million!

The police caught him red-handed라는 문장을 우연히 접하고 영어 표현에 흥미를 갖기 시작한 게 벌써 30년 전의 일입니다. 이후로 미국 여행 중에 physically challenged person이라는 표현도 알게 됐죠. handicapped person(장애인)을 가리킵니다. 장애인을 신체적 도전자라고 부른다니, 이 얼마나 멋진 언어인지요. 미국의 장애인 단체는 이 표현이 지나친 미사여구라며 반대하고 있지만, 저는 영어는 누군가에게 큰 힘을 주고 긍정적으로 만들어주는 언어라고 말하고 싶어요.

difficult(어려운)를 challenging(도전할 가치가 있는)이라 표현하고, '나는 이제 글렀어'라고 생각한 사람에게 It's not the end of the world(세상이 끝장난 건 아냐)라고 격려해주는 언어. 영어는 무척 어렵기도 하지만 이처럼 흥미로운 표현에 저는 점차 매료되었어요.

그때부터 심금을 울리는 영어 표현을 발견할 때마다 단어 카드에 적기 시작했습니다. 이 책은 그 수많은 단어 카드를 토대로 집필한 결과물입니다. 사실 처음에는 꽤나 안일하게 생각했어요. 재미있는 영어 표현과 그 의미, 예문을 소개하고 그와 관련해서 제가 겪은 잊을 수 없는 기억을 덧붙이기만 해도 책 한 권은 거뜬하리라 생각했거든요.

책을 써나가면서 좀 더 깊은 정보를 담아야겠다는 생각이 들기 시작했어요. '아기가 태어난 사람에게 왜 은수저를 보내는 걸까?', '왜 초록색은 질투의 색일까?', '왜 아첨을 brown nose라고 하는 걸까?'처럼 어떤 표현이 생겨난 과정은 물론, 수많은 단어나 관용구의 어원까지 가능한 한 모두 기록해야겠다는 생각이 들었습니다.

그런데 이 어원이란 녀석은 여간내기가 아니었습니다. 일본어라면 남겨진 문헌에서 근거를 찾을 수 있습니다. 예를 들어 본래 '정취가 있다'는 의미였던 오카시おかし가 시간이 흐르며 우스꽝스럽고 재미있다는 뜻으로 변해갔다는 사실이 명확하게 밝혀진 바 있습니다. 또한 하이스이노진背水の陣, 배수의 진이나 간신쇼탄臥薪嘗胆, 와신상담 같은 말은 중국의 고사에서 유래한다는 사실 역시 의심할 나위가 없는 정설이죠.

영어의 경우는 그리 간단하지 않습니다. 시간적으로는 6,000년 전에 사용되었다 여겨지는 인도·유럽어족, 그리스어, 라틴어, 켈트어, 게르만어, 고대 영어까지 거슬러 올라가야 하죠. 공간적으로도 영국, 아일랜드, 미국, 캐나다, 오스트레일리아, 남아프리카뿐 아니라 전 세계로 범위를 넓혀야만 합니다.

상황이 이러하니 수많은 문헌을 살피다 보면 한 가지 영어 표현의 어원에 여러 가지 가설이 존재함을 알게 됩니다. 시대와 지역 모두 제각각이고, 설령 같은 사건에서 유래했다 하더라도 세세한 부분에서 달라지기도 하죠. 개중에는 아무리 봐도 의심스러운 '믿거나 말거나 어원'도 있었습니다. 하지만 지금에 와서 무엇이 옳고 그른지는 타임머신을 타지 않는 이상 알 길이 없죠. 그래서 어느 한 가지로만 좁히겠다는 욕심은 접었습니다. 문헌에 남아 있는 여러 가설을 가능한 한 많이 소개한 후, 나머지는 독자 여러분의 판단에 맡기기로 한 겁니다.

어원까지 모두 포함한 영어 표현에 관해서는 영국인 Rachel Ferguson, 미국인 Jeff Clark 두 명의 슈퍼 인텔리에게 확인을 부탁했습니다. 두 사람은 영어 표현에 대한 제 해석 등 일본어 원고의 세세한 뉘앙스까지 모두 살펴봐줬죠. "미국인인 내게도 큰 도움이 됐어"라던 Jeff의 말은 제게 '평생의 보물'로 남을 겁니다.

마지막으로, 어디로 튈지 모르는 제 원고를 책으로 만들어주신 IBC 퍼블리싱의 우라 구니아키 사장님께 진심 어린 감사를 드립니다.

고이즈미 마키오

참고문헌

국내 출간 도서

- 레스터 C. 서로우, 《제로·섬 사회》, 한마음사
- 샤를 페로, 《샤를 페로 고전 동화집》, 단한권의책
- 스탕달, 《적과 흑》, 열린책들
- 아리스토파네스, 《아리스토파네스 희극 전집》, 도서출판 숲
- 워싱턴 어빙, 《스케치북》, 동서문화사
- 윌리엄 셰익스피어, 《베니스의 상인》, 민음사
- 윌리엄 셰익스피어, 《십이야》, 해누리
- 윌리엄 셰익스피어, 《오셀로》, 민음사
- 윌리엄 셰익스피어, 《존 왕》, 아침이슬
- 윌리엄 셰익스피어, 《줄리어스 시저》, 동인
- 조지프 헬러, 《캐치-22》, 민음사
- 제프리 아처, 《한푼도 용서없다》, 동서출판사

영어권

- 《The American Heritage Dictionary》, A Dell Book
- 《William Shakespeare Complete Works Ultimate Collection: 213 Plays,

Poems, Sonnets, Poetry, including the 16 rare 'hard-toget' Apocryphal Plays PLUS Annotations, Commentaries of Works, Full Biography》 [Kindle Edition], Everlasting Flames Publishing

- Gail Jarrow, 《The Printer's Trial: The Case of John Peter Zenger and the Fight for a Free Press》, Calkins Creek
- Gyles Brandreth, 《Everyman's Modern Phrase & Fable》, J.M. Dent & Sons
- Ivor H. Evans, 《Brewer's Dictionary of Phrase and Fable》, Cassell Publishers
- Jeffrey Archer, 《Paths of Glory》, [Kindle Edition], St. Martin's Press
- John Arbuthnot, 《The History of John Bull》 [Kindle Edition], A Public Domain Book
- Joseph T. Shipley, 《The Origin of English Words: A Discursive Dictionary of Indo-European Roots》, The Johns Hopkins University Press
- Joseph Twadell Shipley, 《The Origins of English Words: A Discursive Dictionary of Indo-European Roots》, Johns Hopkins University Press
- Marvin Terban, 《In a Pickles and Other Funny Idioms》, Clarion Books
- Marvin Terban, 《Scholastic Dictionary Idioms: more than 600 phrases saying & expression》, Scholastic
- Nigel Rees, 《Dictionary of Word and phrase Origins》, Cassell Publishers
- Norton Juster, 《A Surfeit of Similes》, Morrow Junior Books
- Walter W. Skeat, 《The Concise of Dictionary of English Etymology: The Roots and Origins of the English language》, Wordsworth Editions
- William and Mary Morris, 《Morris Dictionary of Word and Phrase Origins》, Harper & Row Publishers

일본어권

- 《성서 신공동역Good News Bible: Today's English Version》, 일본성서협회
- 고지마 요시로, 기시 사토루, 마스다 히데오, 다카노 요시아키, 《영어 어의·어원사전英語語義語源辞典》, 산세이도
- 구노 요코, 《세련된 영어 2—문자·숫자·동식물 편通な英語 2 文字・数・動植物編》, 구로시오 출판
- 구노 요코, 《세련된 영어 3—신체 편通な英語 3 からだ編》, 구로시오 출판
- 구노 요코·구노 에리카, 《세련된 영어—미국인의 고급 표현通な英語 アメリカ人の上等句》, 구로시오 출판
- 나카마키 히로치카, 《세계의 삼원—보지 말라, 듣지 말라, 말하지 말라世界の三猿 見ざる、聞かざる、言わざる》, 도호출판
- 닛타 지로, 《고수—사우다데孤愁 サウダーテ》, 분게이슌슈
- 데라사와 요시오 편집, 《영어 어원사전英語語源辞典》, 겐큐샤
- 마쓰오 가즈유키, 《이상한 나라 미국—다른 세상으로 보는 50주不思議の国アメリカ 別世界としての50州》, 고단샤겐다이신쇼
- 모리무라 가쓰라, 《천국과 가장 가까운 섬天国にいちばん近い島》, 가도카와문고
- 쇼지 가오루, 《백조의 노래 따윈 들리지 않아白鳥の歌なんか聞えない》, 신쵸문고
- 시바 료타로, 《네덜란드 기행オランダ紀行》, 아사히문고
- 아사미 베토벤 편저, 《직장인을 위한 영어 숙어 사전ビジネスパーソンのための英語イディオム辞典》, NHK 출판
- 우메다 오사무, 《영어의 어원 이야기英語の語源物語》, 다이슈칸쇼텐
- 이노우에 요시마사 편집, 《영미 고사 전설 사전英米故事伝説辞典》, 후잔보
- 이다 미치오, 《세계의 삼원—그 원류를 찾아서世界の三猿 その源流をたずねて》, 진분쇼인

이야기와 뉘앙스로 배우는
관용어의 세계

1판 1쇄 발행 2023년 5월 26일

지은이 고이즈미 마키오
옮긴이 곽범신
발행인 유성권

편집장 양선우
기획 정지현   책임편집 신혜진
편집 윤경선 임용옥   홍보 윤소담 박채원
교정 교열 박효진   본문 디자인 김수미
마케팅 김선우 강성 최성환 박혜민 심예찬
제작 장재균   물류 김성훈 강동훈

펴낸곳 ㈜이퍼블릭
출판등록 1970년 7월 28일, 제1-170호
주소 서울시 양천구 목동서로 211 범문빌딩 (7995)
대표전화 02-2653-5131   팩스 02-2653-2455
메일 loginbook@epublic.co.kr
포스트 post.naver.com/epubliclogin
홈페이지 www.loginbook.com
인스타그램 @book_login

로그인은 ㈜이퍼블릭의 어학·자녀교육·실용 브랜드입니다.